手袋と街

HOLY'S 保里尚美

JN222238

文化出版局

Contents

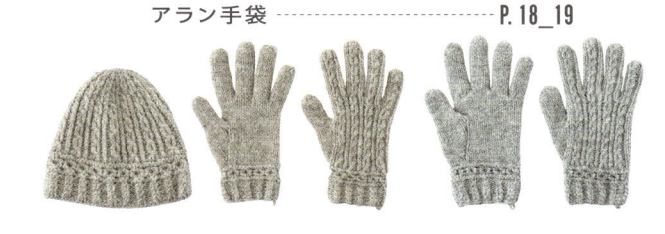

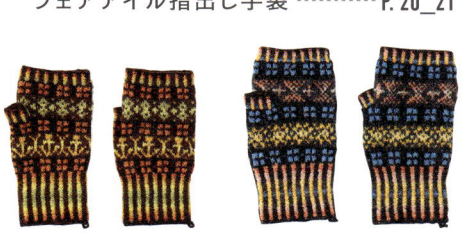

編み物が私の仕事になったきっかけは、
長野に住む友達の誕生日に編んだセルブーミトンでした。
もう26年も前のことです。

そのミトンが、今では大切な友人となったセレクトショップ店主の目にとまり、
「うちの店に置きませんか?」と声をかけてもらって、
大急ぎでセルブーミトンとセルブー手袋をひとつずつ編みました。
店主夫婦がまず買ってくれて、その次に販売用のミトンを、
また大急ぎでいくつか編んで送りました。
1999年1月のことです。

友達の誕生日が12月で、その翌月から、編み物が私の仕事になりました。

それから毎年の商品展開として、デザインや色を変えてひとつふたつ。
また、オーダーをいただいて、
そのかたに手の輪郭を紙に書いて手紙で送ってもらったり、
「この模様を入れてほしい」のリクエストに応えて作った手袋が、
次第に増えていきました。

誰かひとりのためにデザインして作った手袋が、また別の誰かの手袋になる。
そんなことってあるのですね。
そうやって作った手袋が、これまで何度も私の目の前をめぐりました。

今回、この本を手に取ってくださるみなさんにも、自分のために。
また大切な誰かのために。
新しくデザインした手袋もいくつかありますが、長く作り続け、
さらにつけ心地よく微調節した手袋のパターンをみなさんにも。
この本を通して使ってもらえたら、うれしいです。

HOLY'S 保里尚美

基本5本指手袋

手袋の作り方の基本になります。この手袋の作り方をマスターすれば、他の手袋も作れるようになります。お気に入りのシャツのように、自分の定番カラーでいくつも作っておきたくなります。

Size : **S** _How to make_P.38

Size : **L** _How to make_P.38

Size : **M**_How to make_P.28/38

Size : **LL**_How to make_P.38

ＣＡＦＥ手袋

「コーヒー好き」の友人のために、そんなワードを
編み込みました。毛糸の色も「Espresso」。目の覚
めるようなテイストを連想させる赤を効かせます。

Size : **M**_How to make_P.43

ひつじ手袋

シンプルな手袋の内側にこっそり、自分だけのひつじを飼ってるなんて、うれしくありませんか？「星の王子さま」のように。

セルブーミトン

手の甲の八芒星のパターン、てのひらに小さな模様、その両端には「ハシゴ」と呼ばれるライン状の模様が入っています。模様に慣れて、リズムがつかめたら、編むのがきっと楽しくなります。

Size : **S** _How to make_P.47

❖ ひもについて

●ひもの取り付け方

〜うにループに通して固定させます。

〜字袋の場合は、

ン用のループに閉じように

〜させてから。

セルブー手袋

ノルウェーで伝統的に編まれてきたセルブー手袋は、模様のバリエーションが豊かです。この3つのセルブー手袋は、私の好きな星の形と星を囲むパターンを描いてみました。クローバー模様は"しあわせが訪れますように"。

セルブーキャップ

セルブー手袋と同じパターンを横に連ねたニットキャップです。ゴム編み部分を内側に折り返しても使えます。

Size : **M**_How to make_P.60

Size : **L**_How to make_P.60

15

カバーミトン

ツートンカラーは、お好きな色合せを楽しんでください。ビビッドな色どうしも、微妙な色合せでも、どちらもきっとすてきだと思いますよ。4本指をしっかり出すことができます。

Size : **M-L** _How to make_P.68

アランキャップ

折返しなく、すとんとかぶれるニット帽は、
古いアランセーターで使われていたガータ
ー編みと帯模様をポイントにしました。

Size : **M**_How to make_P.66

アラン手袋

指先までつながる繊細な模様は、ねじり交
差編みをひとつずつやっていくことで、見
た目ほど難しくなく編み上がります。

Size : **M**_How to make_P.63

フェアアイル
指出し手袋

コーディネートのアクセントに
もなるフェアアイルの指出し手
袋は、元々、友達に編んだベス
トのパターンでした。Lサイズ
は、今回の新作。朝焼けと夕暮
れのイメージ。

ドングリベレー

ドングリの傘と呼ばれる「殻斗（かくと）」のような形から、名づけました。ベレーの「チョボ」と呼ばれる先っちょから編み始めます。

22

Size : **M** _How to make_P.76

Size : **S**_How to make_P.76

カモシカ手袋

スカンジナビアの氷土を群れをなして走るカモシカをイメージしました。一見すると無地に見える指先まで、2色交互の編込みをするので、指先までポカポカして丈夫な手袋に仕上がります。

Size : **M** _How to make_P.73

居住者以外無断上る事お断り

Size : **L**_How to make_P.73

ドットベレー

「こんなベレーあったらなぁ」を作りました。お好きな色合せを見つけてください。ベースに濃い色を選んだら、ドットの2色のうち、1色を同系色のライトな色、もう1色で差し色を入れると、まとまりますよ。

Size : **M** _How to make_P.78

How to make

編み始める前に

作品を編み始める前に採寸しましょう。
この本に掲載した手袋は S、M、L、LL サイズで表示しています。
サイズ表を目安にサイズを選んでください。
出来上りサイズは、各作品の編み方ページをごらんください。

サイズのはかり方

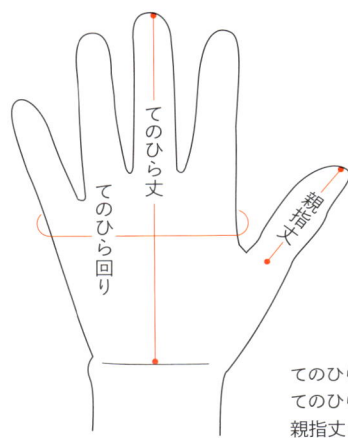

サイズ表 （ヌード寸法）

単位は㎝

手袋	てのひら回り	てのひら丈	親指丈
S	16	17	5.5
M	18	18	6
L	20	19	6.5
LL	22	20	7

てのひら回り … 柔かいメジャーでてのひらを囲う
てのひら丈 …… てのひらのつけ根から中指の先まで
親指丈………… 親指のつけ根から指先まで

この本で使用している糸

この本に掲載した作品はすべて
シェットランド スピンドリフト
（Jamieson's Shetland Spindrift）
を使用しています。

太さ…中細
品質…ウール
（ピュアシェットランドウール）
100%
仕立て…25g玉巻き
（約105m）

◎毛糸に関するお問合せは
p.80をごらんください。

ゲージ

作品はすべてシェットランド
スピンドリフトを1本どりまた
は2本どりで使用しています。
編み始める前にゲージをとりま
しょう。
作品と同じ糸、針で約15cm四
方のメリヤス編みを編み、目を
整えてから中央の10cm四方の
目数と段数を数えます。
指定のゲージより目数、段数が
少ない場合は針を1～2号細く、
多い場合は針を1～2号太くし
て調整してください。

サイズ調整

この本では、S、M、L、LLサイズ
のフィットタイプの手袋から、ある
程度ゆとりがあるミトンまで紹介し
ています。編込み模様は、裏に糸が
渡ることで厚地になり、内径が小さ
くなるため、はめてみるとやや小さ
く感じる場合があります。ゲージを
編んで確かめながら、お好みのフィ
ット感を選んでください。5本指手
袋の指の長さは、編みながら手には
めて調節しましょう。
編込み模様の手袋のサイズを変える
場合は、模様がくずれないように、
目数、段数はそのままで、針の号数
を1～2号替えて希望のサイズに近
づけます。また、糸の太さを替えて、
全体の大きさを一回り大きく、また
は小さくすることも可能でしょう。

基本5本指手袋[M]を編んでみましょう

ここでは5本指手袋の右手を編みながら、編むときのポイントとなるテクニックを写真で解説します。編みながら手にはめて、調節しながら編みましょう。ほかの作品を編むときも参考にしてください。

用意するもの・編み方図は38ページ
用具　クロバー

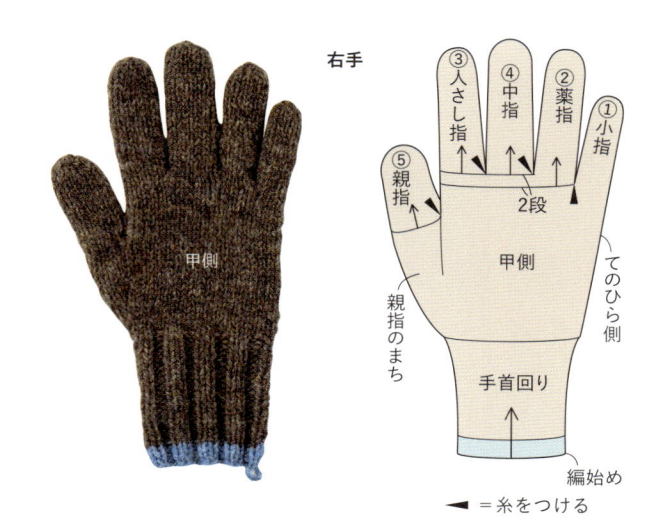

右手

⑤親指　③人さし指　④中指　②薬指　①小指　2段　甲側　親指のまち　てのひら側　手首回り　編始め

◄ ＝糸をつける

M　右手の編み方

③人さし指　24 22　4 ←2 ←1段
♧1目作り目　◇から11目拾う　糸をつける
─ 12目 ─

④中指　26 24　4 ←2 ←1段　糸をつける
○から4目拾う　人さし指の♧から1目拾う　●から5目拾う　薬指の■から2目拾う
─ 12目 ─

②薬指　24 22　4 ←2 ←1段♤
□から4目拾う　■2目作り目　■から5目拾う
─ 11目 ─

①小指　19 17　4 ←2 ←1段♠
△から4目拾う　♣1目作り目　▲から4目拾う
─ 9目 ─

指の拾い方

③人さし指　④中指　②薬指
❶ ❶ ❷ ❷　◇ ● ■
てのひら側
①小指　△　❶ ❶　甲側　▲ ♣

❶ ＝1目作り目
❶ ＝1目拾う
❷ ＝2目作り目
❷ ＝2目拾う

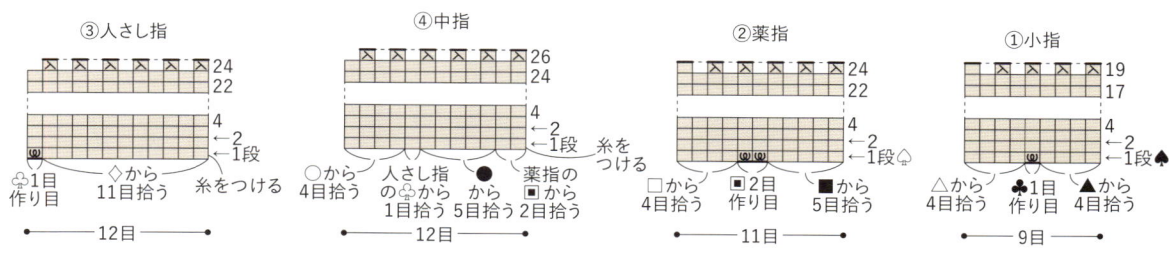

⑤親指（左右共通）

14　1 5　←2 ←1段
●から3目拾う　◎から13目拾う　糸をつける
─ 16目 ─

親指の拾い方

てのひら側

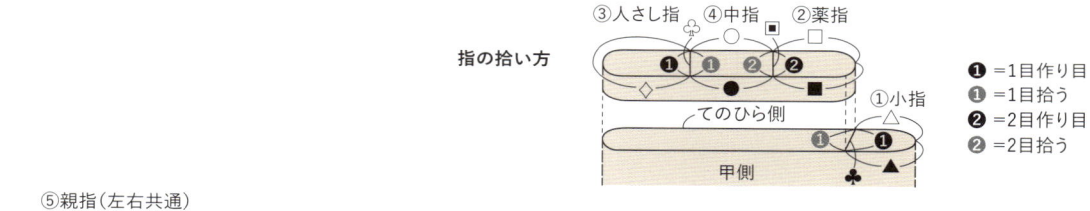

薬指4目　中指4目　人さし指11目　中指5目　薬指5目　糸をつける
□ ○ ◇ ● ■　小指の♣から1目拾う
♤へ続く◄

小指4目　△　28目休み目　小指4目　▲
♠へ続く◄　続けて編む　9 … 1　36目
3目巻き目の作り目
てのひら側　甲側
◎13目休み目
親指のまち
左側　右側
6　1 10　1
15目　3目　18目　21 20
手首回り（左右共通）　2目ゴム編み
続けて編む　続けて編む
5　1 4　←2 ←1段（作り目）
36　30　22　21 20 19　18　10　2 1目

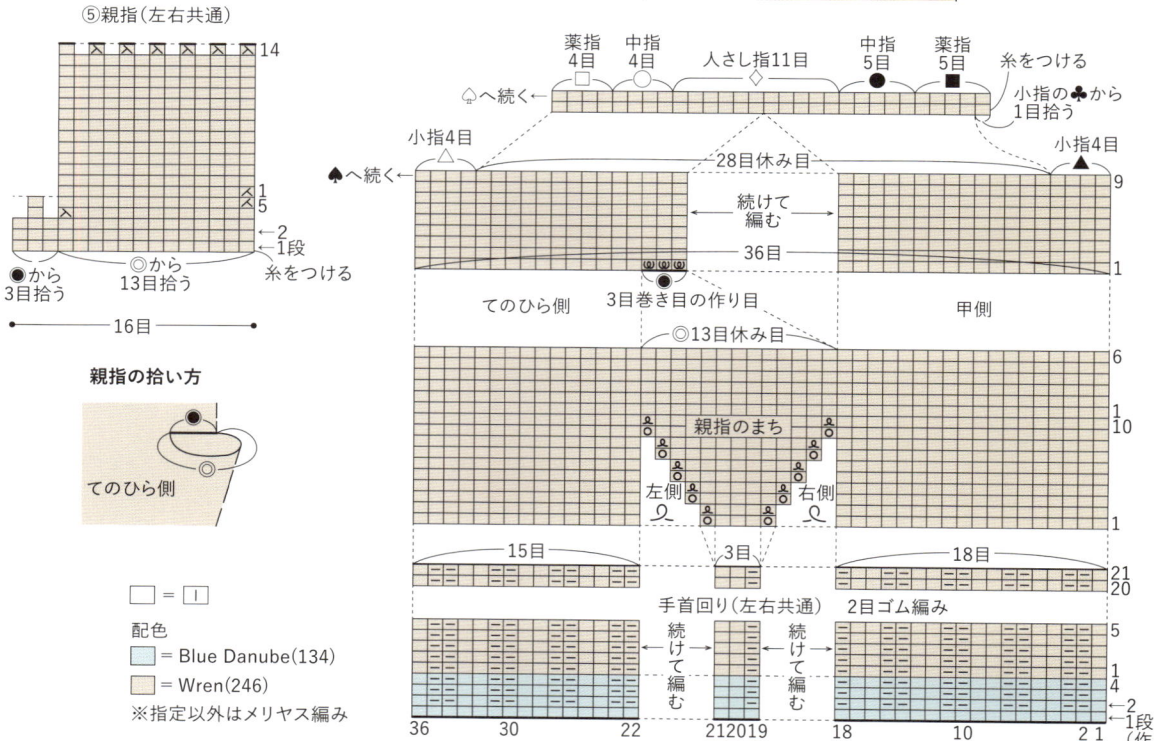

□ ＝ |

配色
■ ＝ Blue Danube(134)
■ ＝ Wren(246)
※指定以外はメリヤス編み

28

STEP.1 作り目をする

1 2本どりで5号針1本に指に糸をかけて目を作る方法をして36目作ります。ひも通し用に糸端を20cm残しておきます。

2 12目ずつ3本の針に分けます。目がねじれないように注意しましょう。

STEP.2 手首回りを編む

3 2目ゴム編みを輪に3段編みます。続けて、色を替えて1段編みます。

BAD ✕

4 続けて編んだところ……色を替えたところに段差ができてしまいました。

GOOD! ○

POINT 2色の段差を解消する方法

前々段の1目め

1 色を替えて1段編み、2段めの1目めの前々段の1目を右針で引き上げ、左針に移します。

2 引き上げた1目と前段に右針を入れ、2目一度に表目で編みます。

3 2段めの1目めを2目一度に編めました。続けて2目ゴム編みを編みます。

4 2色の境目に段差がなくなりました。2目ゴム編みを指定段数編みます。

STEP.3 親指のまちを編む

○ かけ目

かけ目

1 甲側18目を編み、右針に糸を手前からかけます（かけ目）。

POINT
甲側、てのひら側の編み目に高さをそろえてかけ目をし、穴が大きくならないようにします。

かけ目
表目3目
かけ目

2 表目3目編み、左側のかけ目は糸を向うからかけます。1段めの増し目が編めました。

② 右側のねじり目

3 次の段は、かけ目を左右対称にねじり目で編みます。右側はかけ目の向うに右針を入れます。

---

② 左側のねじり目

ねじり目

4 糸をかけて引き出し、表目を編みます。右側のねじり目が編めました。

表目3目編み、左側のかけ目に右針を手前から入れて、糸をかけて引き出し、表目を編みます。

5

左側のねじり目　5目　右側のねじり目

6 ねじり目が左右対称に編めました。以降、記号図どおり、増しながら親指のまちを編みます。

親指のまち13目

7 10段編めたところ。親指のまちが編めました。続けて、増減なく6段編みます。

STEP.4 親指穴を作る

⊚ 巻き目の作り目

1 親指のまちの13目に別糸を通して休み目にします。

2 甲側18目を編み、針に糸をねじってかけ、休み目した親指のまちの上側に巻き目の作り目をします。

3 糸を引き締めます。巻き目の作り目が1目できました。

4 **3** を繰り返して、巻き目の作り目で3目作ります。

STEP.5 小指を編む

POINT
指先が隠れるくらいまで編めたら、**3** へ進み最終段の減し目をします。

5 続けて、表目を編み、てのひら回りを輪に9段編みます。

1 甲側4目を編み、巻き目の作り目（**STEP4** **2** と同様）で1目作ります。続けて、てのひら側を4目編み1段めが編めました。

2 1周9目を輪に18段編みます。編みながら手にはめて、指の長さに合わせて段数を増減して調整します。

小指が編めました！

✕ 右上2目一度

3 最終段は右上2目一度を繰り返します。最終段が奇数目数の場合は、最後の1目を表目で編みます。

4 糸端を10cmほど残して切り、とじ針に通して残った目に糸を2周通して絞ります。

5 糸をゆっくり引いて絞ります。糸を強く引くと切れる場合があります。中心から裏へ抜き、表にひびかないように編み地の裏側にくぐらせて糸を切ります。

STEP.6 小指のまちから拾って甲側とてのひら側を編む

1 休み目した28目を3本の針に移し、小指の巻き目の作り目（♣）に、矢印のように右針を入れます。

2 新しい糸をつけて、糸をかけて引き出します。

3 1目引き出したところ。続けて、針にかかっている28目を表目で編みます。

4 29目を輪に2段編みます。糸は切らず、続けて薬指を編みます。

STEP.7　薬指を編む

1　甲側5目を編み、巻き目の作り目で2目（▣）作り、てのひら側を4目編みます。

2　1周11目を輪に増減なく23段編んだら、小指の**2**〜**5**と同様に編みます。

薬指が編めました！

STEP.8　人さし指を編む

1　糸をつけて、甲側、てのひら側から11目拾い、巻き目の作り目で1目（♧）作ります。

2　1周12目を輪に増減なく23段編んだら、小指の**2**〜**5**と同様に編みます。

人さし指が編めました！

STEP.9　中指を編む

1　新しい糸をつけて、薬指の巻き目（▣）から2目拾い、甲側5目、人さし指の巻き目（♧）から1目、てのひら側から4目を拾います。

2　1周12目を輪に増減なく25段編んだら、小指の**2**〜**5**と同様に編みます。

STEP.10　親指を編む

中指が編めました！

1　新しい糸をつけて、親指のまちの休み目から13目、巻き目の作り目（◉）から3目拾います。

2　1周16目を輪に3段編み、4、5段めは、記号図どおり減し目をします。

3　1周13目を輪に増減なく編んだら、小指の**2**〜**5**と同様に編みます。

親指が編めました！

STEP.11 糸始末をする（指のつけ根の穴をふさぐ）

1 指の編始めに残した糸を表にひびかないように、くぐらせます。

2 穴の回りを1周するように表にひびかないようにかがります。

3 糸をゆっくり引きます。

4 表に返して穴がふさがっていることを確かめたら、糸始末をします。そのほかの指も同様に始末します。

STEP.12 ひも通しを編む

1 3/0号かぎ針を表から写真のように入れて、編始めに残しておいた糸をかけます。

2 引き出します。

3 鎖編みを10目編み、左隣りの作り目の裏側2本にかぎ針を入れて、糸をかけて引き抜きます。

4 糸を引き出し、糸端を裏側にくぐらせて始末をします。

5 ひも通しが編めました。

STEP.13 ひもを編む

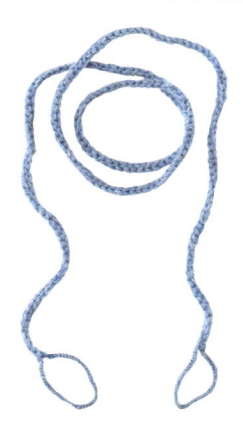

ひもの糸は、材料に含まれません。お好みの色の糸を7g用意してください。編み方と通し方、使い方はp.42参照。

STEP.14 仕上げ洗いをする

用意するもの（1組み分）

・洗面器
・植物成分の粉石鹸 ………… 小さじ1/3
・食酢（またはクエン酸）…… 小さじ1/3

1 洗面器に粉石鹸を少量のぬるま湯で完全に溶かしたら、洗面器いっぱいに水を加えます。

2 手袋を浸して30秒ほど優しく押し洗いします。

3 洗濯機で30秒脱水します。

4 たっぷりの水に30秒ほどくぐらせて、ためすすぎを2回します。2回めは食酢を加えてなじませます。

5 **3** と同様に脱水し、形を整えて、編み地が伸びないよう干します。

※粉石鹸がなければ固形石鹸を泡立てて使用します。

! ウールは強くこすったり、水にぬれている時間が長いと毛がからみ合って縮みます。水温は30度以下を使用してください。

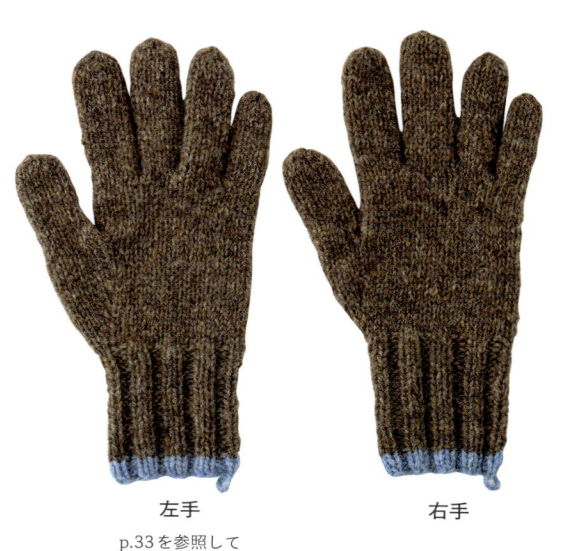

左手　　　　**右手**

p.33を参照して対称に編みます。

左手の編み方

この本の作品の手首回りの編始め位置は、左右同じ、模様編みは対称に編む作品もあります。次に左手は、てのひら側→親指のまち→甲側の順に右手と対称に編みます。指を編むときは、拾う順番は右手と同じですが、**甲側とてのひら側の目数が対称になるように編みます。**

左手の編み方順序
1　手首回りは、右手と同様に編む
2　「甲、親指のまち、てのひら側」を左右対称にして、てのひら側から編む
3　続けて、小指を編む
4　♡に糸をつけて、てのひら側と甲側を編む
5　続けて、薬指を編む
6　人さし指は、★に糸をつけて編む
7　中指は、♥に糸をつけて編む
8　親指は、右手と同様に編む

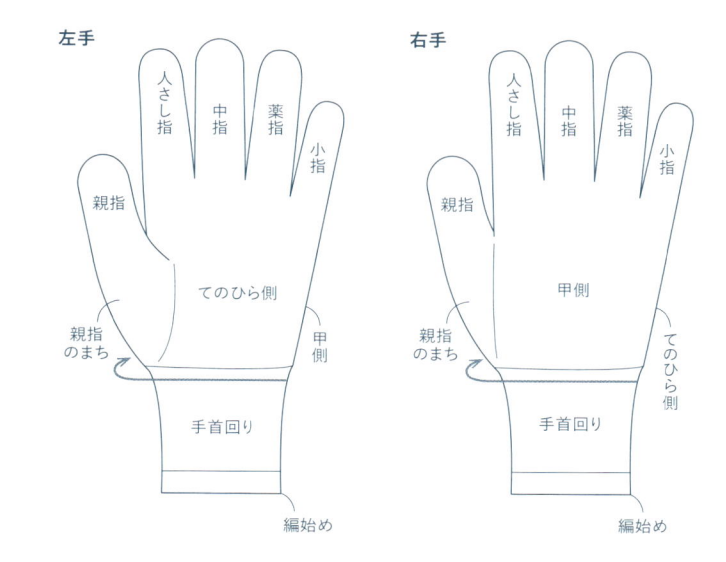

基本5本指 Mサイズの場合

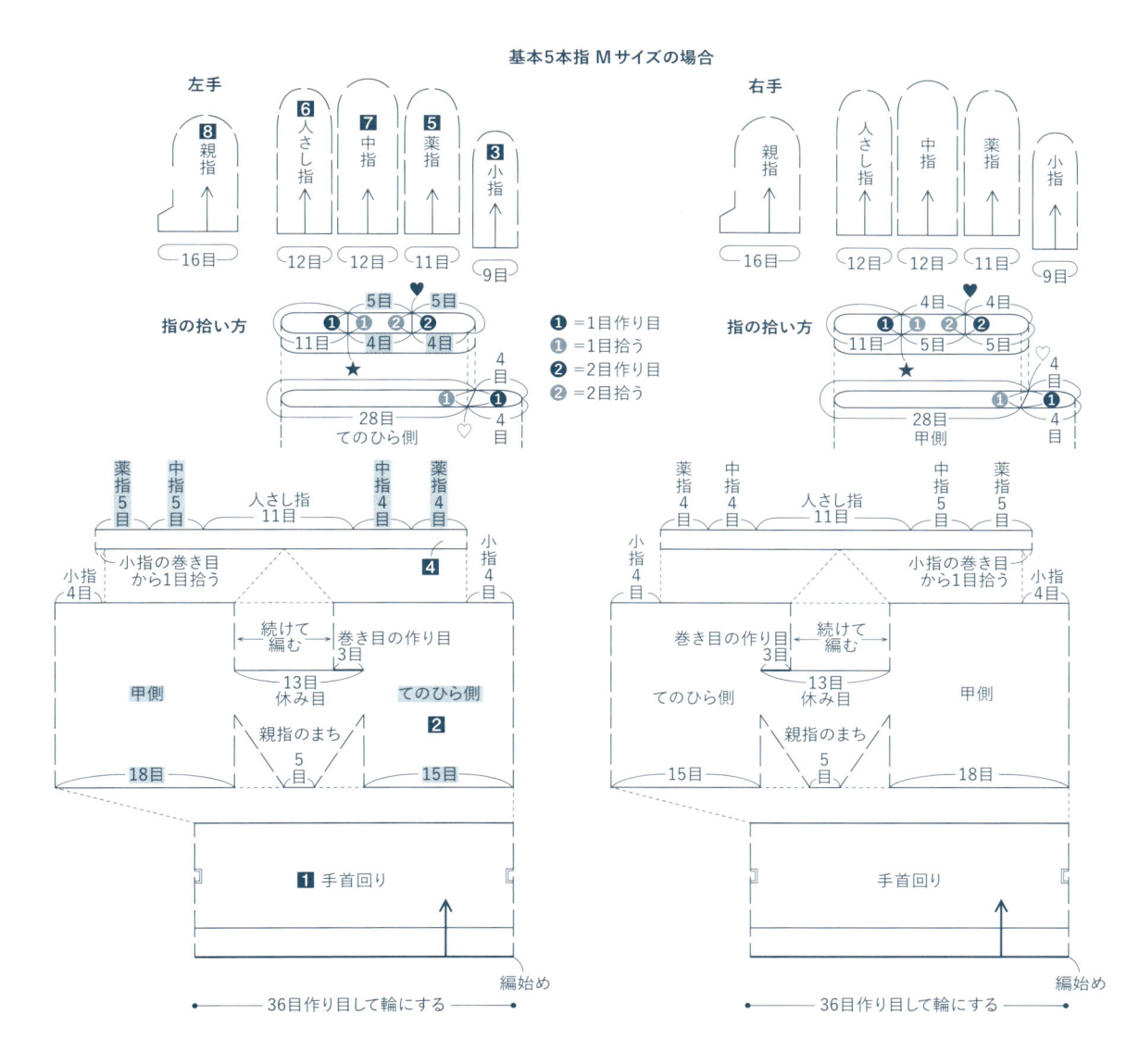

作り目

◎指に糸をかけて目を作る方法　※この本の作品は、すべて棒針1本に作り目をします

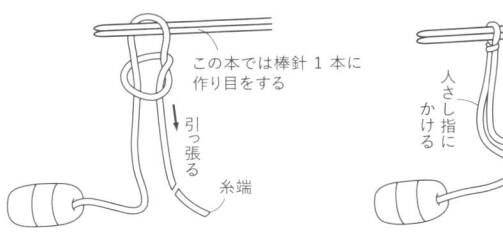

この本では棒針1本に作り目をする

引っ張る

糸端

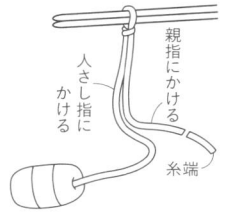

親指にかける

人さし指にかける

糸端

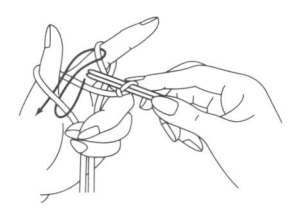 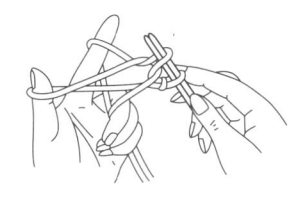

1 糸端から編み幅の約3倍の長さところに輪を作り、棒針をそろえて輪の中に通す

2 輪を引き締める。1目の出来上り

3 糸玉側を左手の人さし指に、糸端側を親指にかけ、右手は輪を押さえながら棒針を持つ。指にかかっている糸を矢印のようにすくう

4 すくい終わったところ

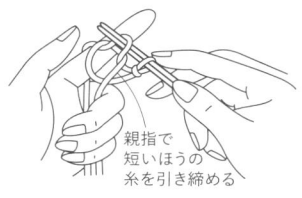 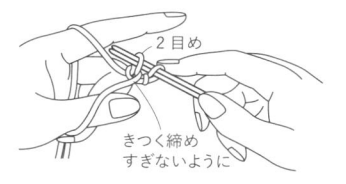 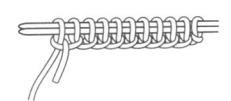

親指で短いほうの糸を引き締める

2目め

きつく締めすぎないように

5 親指にかかっている糸をはずし、その下側をかけ直しながら結び目を締める

6 親指と人さし指を最初の形にする。**3**～**6**を繰り返す

7 必要目数を作る。これを1段と数える

◎しっかりした作り目

※指に糸をかけて目を作る方法と同じ作り目で、親指にかける糸を2本どりにすることで、しっかりした作り目になります。p.47の写真も併せてごらんください

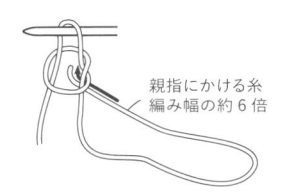

親指にかける糸 編み幅の約6倍

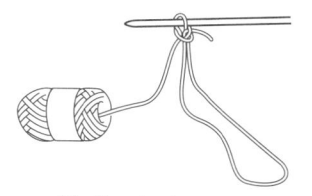 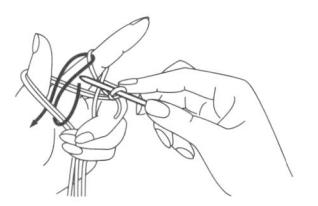 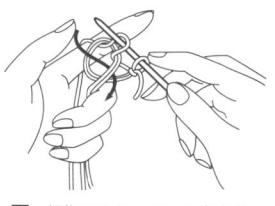

1 糸端から編み幅の約6倍（長さは各作品の編み方ページ参照）の長さを半分にして針の目の下の輪の中に通す

2 輪を引き締める。1目の出来上り

3 糸玉側を左手の人さし指に、糸端側の2本どりの糸を親指にかけ、右手は輪を押さえながら棒針を持つ。指にかかっている糸を矢印のようにすくう

4 親指にかかっている糸をはずし、その下側をかけ直しながら結び目を締める

5 必要目数を作る。これを1段と数える

◎別糸を使って作る方法

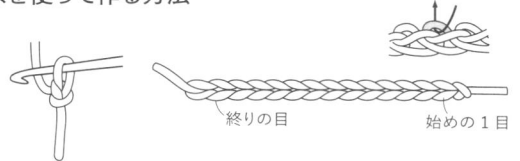

終りの目　　　始めの1目

 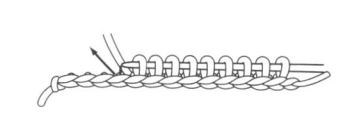

鎖編み　　編み糸

1 編み糸に近い太さの木綿糸で、鎖編みを編む

2 ゆるい目で必要目数の2、3目多く編む

3 編み糸で、鎖の編終りの裏山に針を入れる

4 必要数の目を拾う（1段め）。輪に編む作品は3本の針に分ける

編み目記号

| 表目

 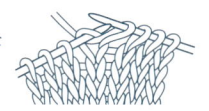 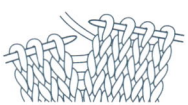

1 糸を向うにおき、手前から右針を左針の目に入れる

2 右針に糸をかけて引き出す

3 左針から目をはずす

― 裏目

  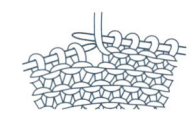

1 糸を手前におき、左針の目の向うから右針を入れる

2 右針に糸をかけて引き出す

3 左針から目をはずす

○ かけ目

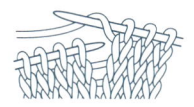 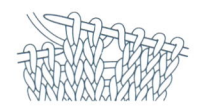

1 糸を手前から向うにかける

2 次の目以降を編む。かけ目のところは穴があき、1目増えた

ℓ ねじり目　※向きの指定がない場合

 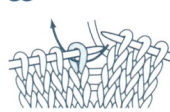

1 向うから右針を入れ、表目を編む

2 糸を引き出しながら、左針から目をはずす

ℓ ねじり目（裏目）

右針を向うから入れ、裏目で編む

ℓ ねじり増し目　※目と目の間の渡り糸をねじって増します

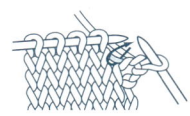 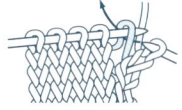 

1 目と目の間の横糸を右針で矢印のようにすくい、左針に移す

2 右針を矢印のように入れる

3 糸をかけて表目を編み、1目増えた

入 右上2目一度

表目　編まずに右針に移す

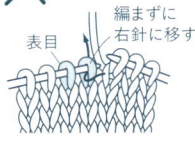 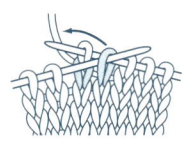

1 手前から右針を入れて、編まずに右針に移す

2 次の目を表目で編み、移した目を編んだ目にかぶせる

人 左上2目一度

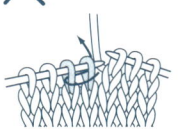 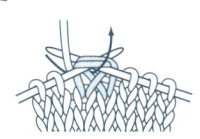

1 2目一緒に手前から右針を入れる

2 糸をかけて表目で編む

∨ すべり目

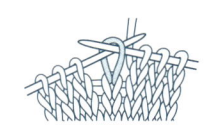 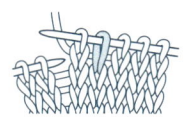

1 糸を向うにおき、編まずに、1目を右針に移す

2 次の目を編む

木 中上3目一度

表目　編まずに右針に移す

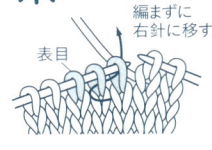 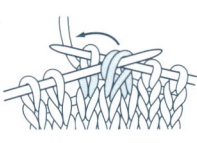 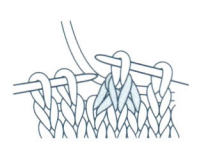

1 2目一緒に手前から右針を入れ、編まずに右針へ移す

2 次の目を表目で編み、移した2目をかぶせる

3 2目減し目。中央の目が上になる

∀ 浮き目

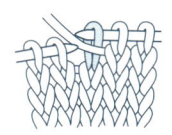

糸を手前におき、編まずに1目右針に移す

╳ 右上1目交差　※裏目のときも同じ要領で編みます

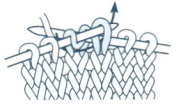 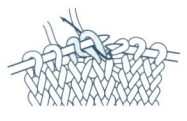 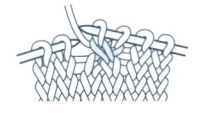

1 左針の2目めを1目めの向うから針入れ、表目で編む

2 左針の1目めを表目で編む

3 左針から目をはずす

╳ 左上1目交差　※裏目のときも同じ要領で編みます

 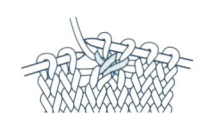

1 左針の2目めの手前から右針入れ、表目で編む

2 左針の1目めを表目で編む

3 左針から目をはずす

● 伏止め（表目）

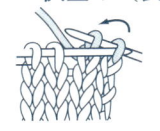 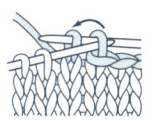 

1 端の2目を表目で編み、1目めを2目めにかぶせる

2 表目で編み、かぶせることを繰り返す

3 最後の目は引き抜いて糸を締める

● 伏止め（裏目）

 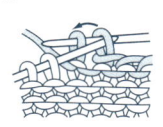 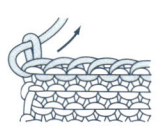

1 端の2目を裏目で編み、1目めを2目めにかぶせる

2 次の目を裏目で編み、かぶせることを繰り返す

3 最後の目は引き抜いて糸を締める

● 引抜き止め（裏目）

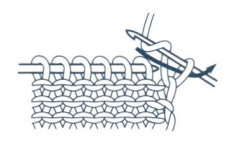 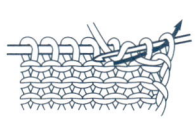 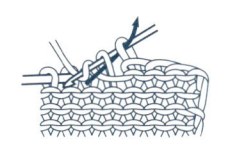

1 端の目に向うからかぎ針を入れ、糸をかけて引き出す

2 次の目に向うから、かぎ針を入れ、糸をかけて引き抜く

3 2を繰り返す

◎輪編みの1目ゴム編み止め

 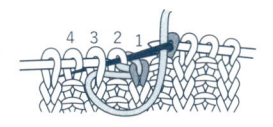 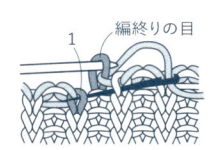 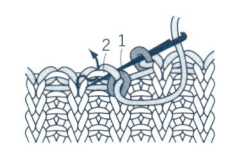 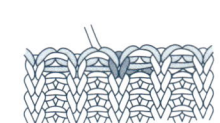

1 1の目を飛ばして2の目の手前から針を入れて抜き、1の目に戻って手前から針を入れ3の目に出す

2 2の目に戻って向うから入れ、4の目の向うへ出す。ここから表目どうし、裏目どうしに針を入れる

3 編終り側の表目に手前から針を入れ、1の目に針を出す

4 編終りの裏目に向うから針を入れ、図のようにゴム編み止めをした糸をくぐる

◎輪編みの2目ゴム編み止め

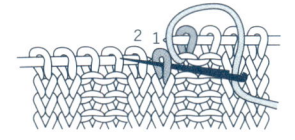 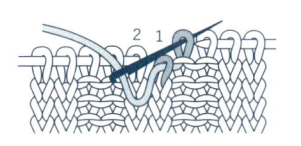 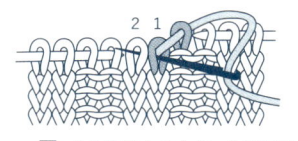 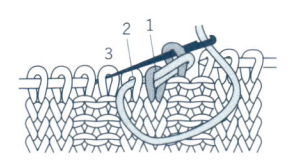

1 1の向うから針を入れる

2 編終りの目に手前から針を入れる

3 1の手前から入れ、2の向うから入れる

4 編終りの目に向うから針を入れ、3の目に手前から入れる

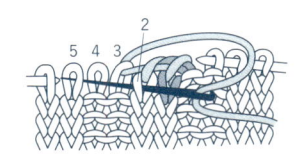 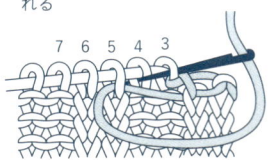 

5 2に戻って手前から入れ、5の向うから針を入れる

6 4の目に針を入れる。以降**3**と同様に5、6に入れ、**4**と同様に4、7に入れ、繰り返す

7 編終りの表目と編始めの表目に針を入れ、最後は裏目2目に針を入れ、引き抜く

◎糸を横に渡す編込み

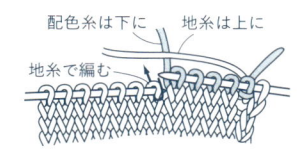 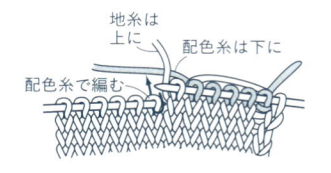

1 配色糸の編始めは結び玉を作って右針に通してから編むと目がゆるまない。結び玉は次の段でほどく

2 裏に渡る糸は編み地が自然におさまるように渡し、引きすぎないようにする

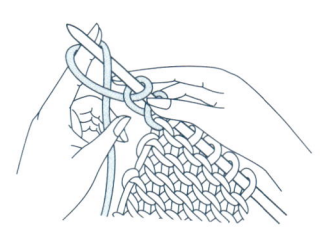 巻き目の作り目（巻き増し目）

右針に糸を巻きつけて
目を増す

新しい糸をつけて巻き目の作り目をする方法

1 新しい糸をつけて、指先で
糸端をおさえ、巻き目の作り目
をする

2 糸を引き締める。指定の目
数を作る

かぎ針編みの基礎

作り目

◎編始めの方法　○鎖編み

 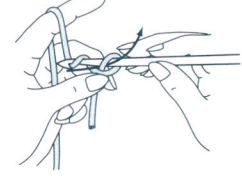 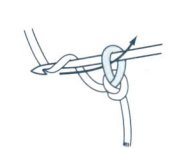 

1 左手にかけた編み糸
に、針を内側から入れて糸
をねじる

2 人さし指にかかっている
糸を、針にかけて引き出す

3 1目編めた。こ
れを繰り返す

3 必要目数編む

編み目記号

✕ 細編み

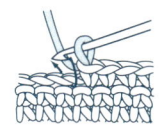 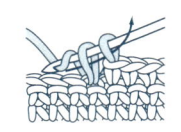

立上りに鎖1目の高さを持つ編み目。
針にかかっている2本のループを一度に引き抜く

● 引抜き編み

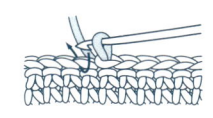 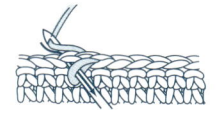

前段の編み目の頭に針を入れ、針に糸をかけて引き抜く

細編み2目編み入れる

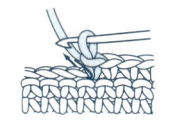 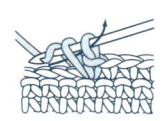 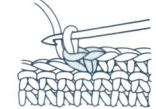

1目に細編み2目編み入れる。1目増す

細編み3目一度

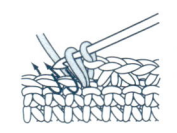 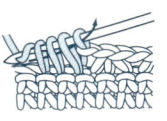 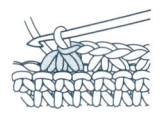

糸を引き出しただけの未完成の3目を、針に糸をかけて
一度に引き抜く。2目減る

引抜き編みコード

  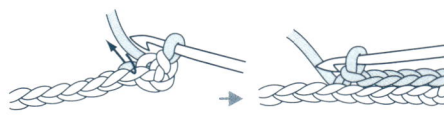

1 鎖目の裏山に針を入れる

2 針に糸をかけて引き抜く

3 次の目の裏山に引き抜く。繰り返す

基本5本指手袋

size S_P.06 M_P.07 L_P.06 LL_P.07

※指定以外はS、M、L、LL共通

糸
ジェイミソンズ シェットランドスピンドリフト(25g玉巻き)
※ひもを含まない
S：Flame(271)45g、Poppy(524)3g
M：Wren(246)50g、Blue Danube(134)3g
L：Burnt Ochre(423)60g、Coffee(880)5g
LL：Yell Sound Blue(240)70g、Celtic(790)5g

用具
5号5本棒針(長さ16cm)

ゲージ(2本どり)
メリヤス編み 20目30段が10cm四方

サイズ
S：てのひら回り16cm、丈24cm
M：てのひら回り18cm、丈25cm
L：てのひら回り20cm、丈26cm
LL：てのひら回り22cm、丈27cm

編み方
糸は2本どりで、指定の配色で編みます。
右手を編みます。指にかける作り目をして輪にし、2目ゴム編みを編みます。親指のまちは、かけ目で増し、次段で左右対称にねじり目を編みます。親指のまちを休み目にして、その上に巻き目の作り目をします。小指は甲側から拾い目、巻き目の作り目をし、てのひら側から拾い目をして輪に編み、最終段で減し目をして、残った目に糸を2周通して絞ります。薬指、人さし指、中指は図のように巻き目の作り目からも拾って、小指と同様に編みます。親指は休み目と巻き目の作り目から拾い目をして、減らしながら輪に編み、編終りは小指と同様にします。
※p.29～32のMサイズの編み方プロセスも併せてごらんください。
※左手はp.33を参照し、対称に編みます。

S=サイズS M=サイズM L=サイズL LL=サイズLL
サイズ別の表示がない部分は共通

右手 ※M右手の記号図はp.28
※左手はp.33を参照し、対称に編む

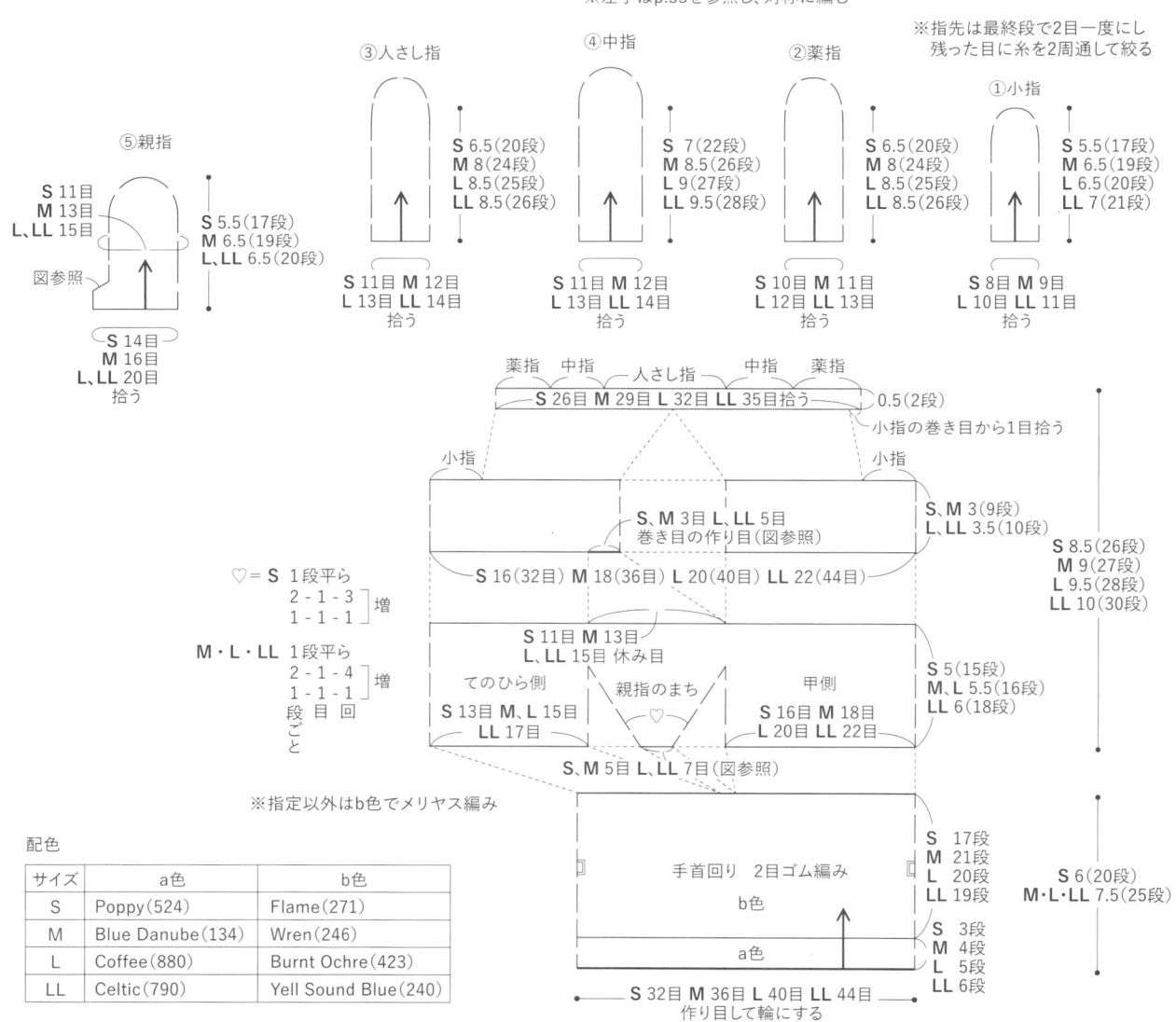

配色

サイズ	a色	b色
S	Poppy(524)	Flame(271)
M	Blue Danube(134)	Wren(246)
L	Coffee(880)	Burnt Ochre(423)
LL	Celtic(790)	Yell Sound Blue(240)

S 右手の編み方

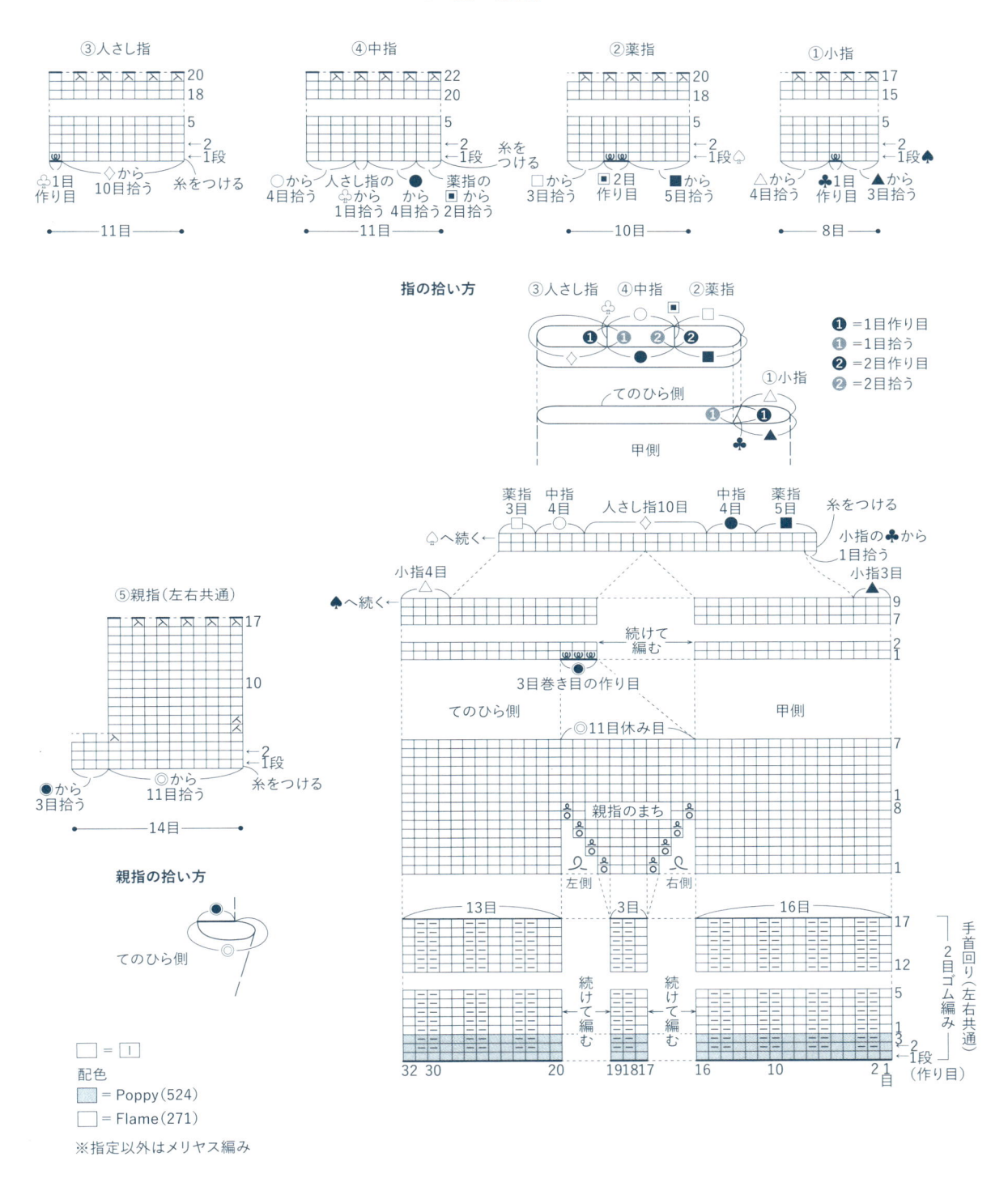

③人さし指

20
18
5
←2段
←1段

♣1目作り目　◇から10目拾う　糸をつける

——11目——

④中指

22
20
5
←2段
←1段
糸をつける

○から4目拾う　人さし指の♣から1目拾う　●から　薬指の■から2目拾う

——11目——

②薬指

20
18
5
←2段
←1段♠

□から3目拾う　■2目作り目　■から5目拾う

——10目——

①小指

17
15
5
←2段
←1段♠

△から4目拾う　♣1目作り目　▲から3目拾う

——8目——

指の拾い方

③人さし指　④中指　②薬指

❶ =1目作り目
❶ =1目拾う
❷ =2目作り目
❷ =2目拾う

てのひら側

①小指

甲側

薬指3目　中指4目　人さし指10目　中指4目　薬指5目　糸をつける

♠へ続く　　小指の♣から1目拾う

小指4目　小指3目

♠へ続く

9
7
2
1

続けて編む

3目巻き目の作り目

てのひら側　　◎11目休み目　　甲側

7

親指のまち

1

左側　右側

13目　3目　16目

17
12
5
1

続けて編む　続けて編む

手首回り（左右共通）2目ゴム編み

←2段
←1段（作り目）

32 30　　20　　191817　16　　10　　2 1目

⑤親指（左右共通）

17
10
2
←1段
糸をつける

◎から11目拾う

●から3目拾う

——14目——

親指の拾い方

てのひら側

□ = |

配色
□ = Poppy（524）
□ = Flame（271）

※指定以外はメリヤス編み

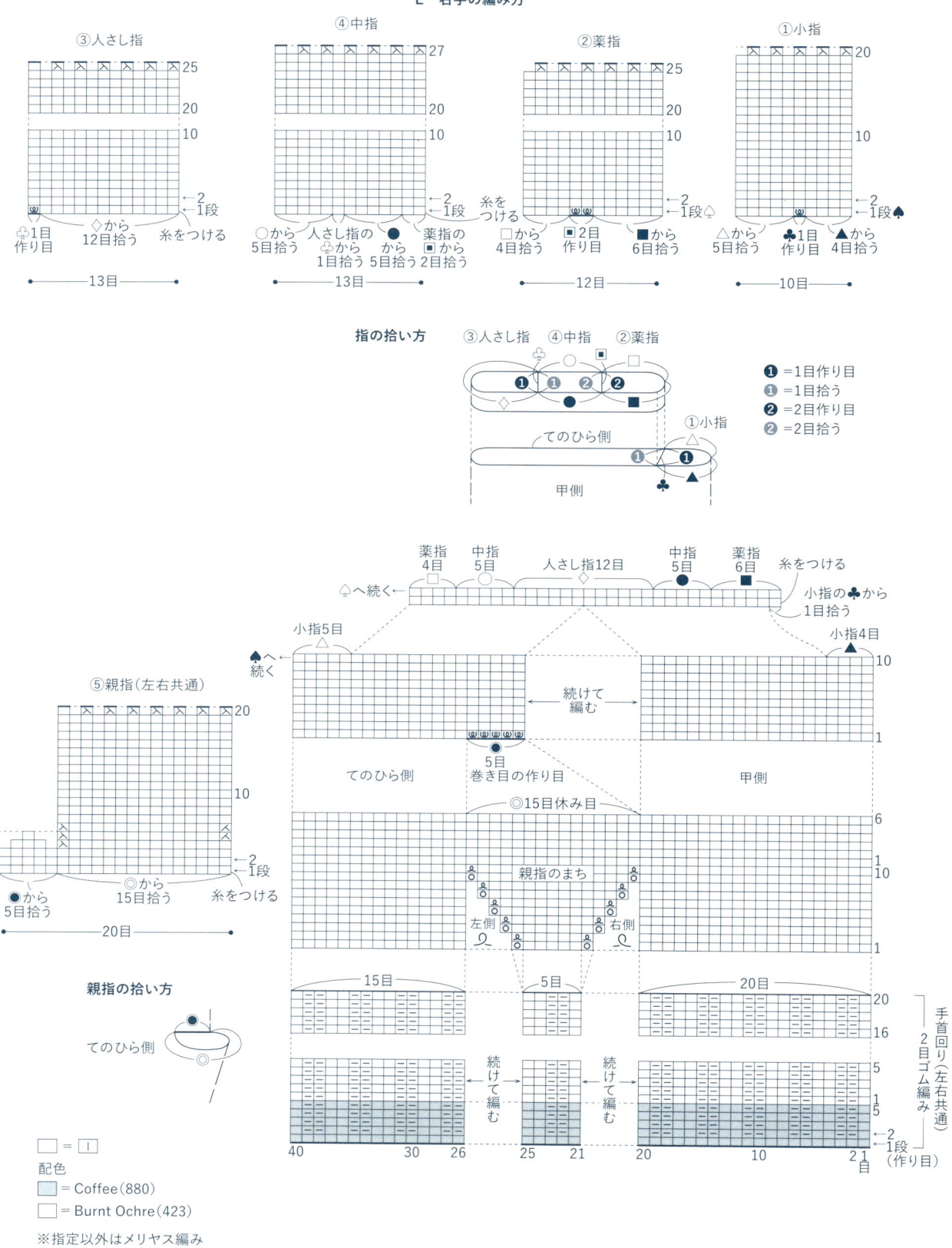

L　右手の編み方

LL　右手の編み方

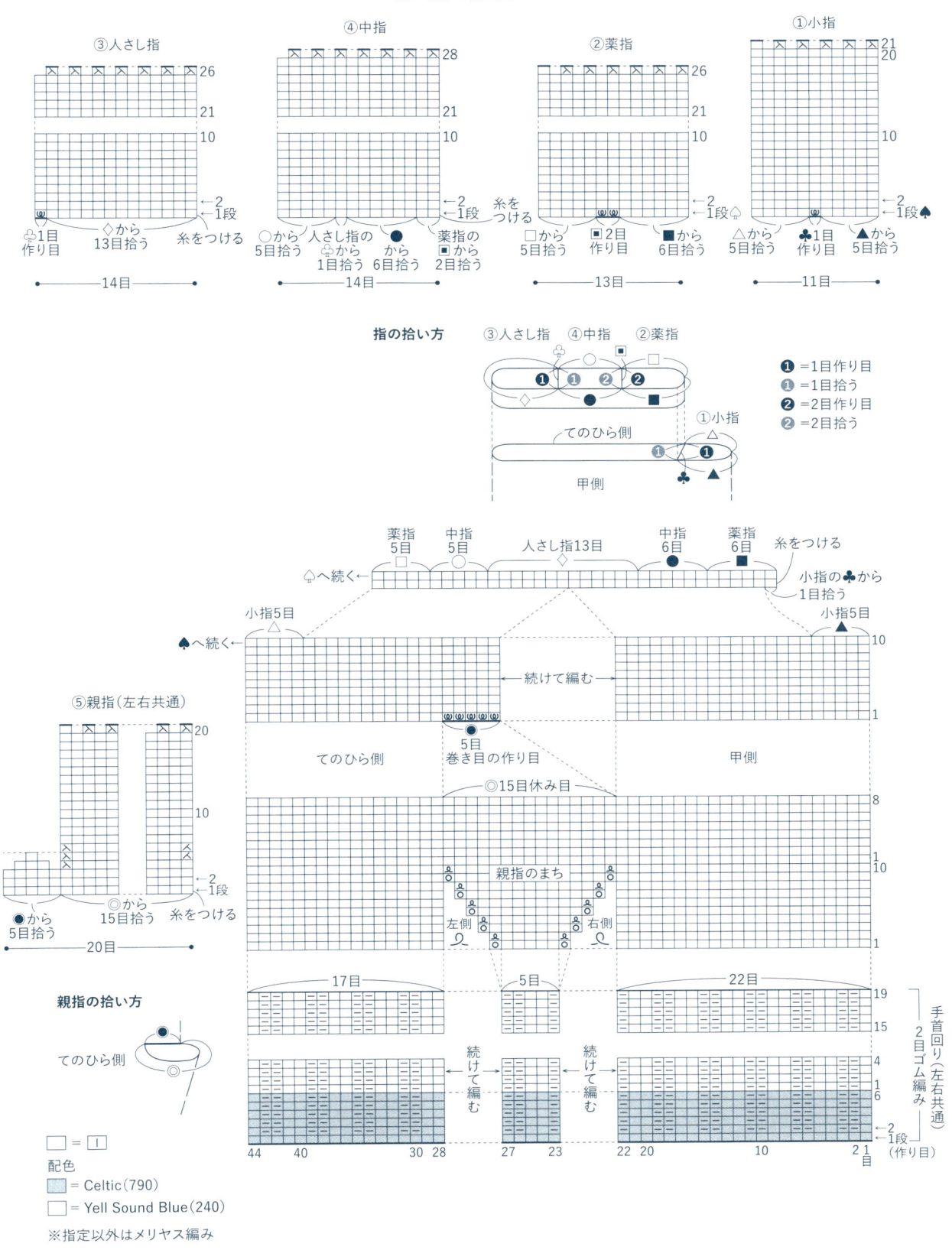

③人さし指

①小指　＝1目作り目
①小指　＝1目拾う
②薬指　＝2目作り目
②薬指　＝2目拾う

④中指

②薬指

①小指

指の拾い方

③人さし指　④中指　②薬指

てのひら側

甲側

①小指

薬指5目　中指5目　人さし指13目　中指6目　薬指6目　糸をつける

⑤親指（左右共通）

親指の拾い方

てのひら側

□ ＝ ｜

配色
■ ＝ Celtic（790）
□ ＝ Yell Sound Blue（240）

※指定以外はメリヤス編み

41

ひもの編み方　※糸は7g。色は作り目段と同じ色を2本どり
　　　　　　　　※6/0号、3/0号、5/0号かぎ針を使用
　　　　　　　　※長さはお好みで調節してください

◁ ＝糸を切る

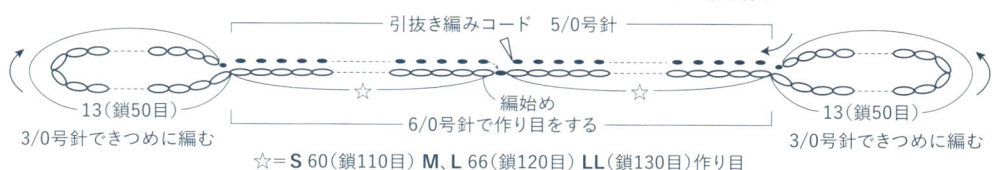

引抜き編みコード　5/0号針

13（鎖50目）　　　　　　編始め　　　　　　13（鎖50目）

3/0号針できつめに編む　6/0号針で作り目をする　3/0号針できつめに編む

☆＝**S** 60（鎖110目）**M、L** 66（鎖120目）**LL**（鎖130目）作り目

ひも通しの編み方　※2本どり

3/0号針
鎖10目

編始めで残した糸を引き出し、
鎖編みをきつめに編んで
左隣りの作り目の裏側2本
に引き抜く

ひもの通し方

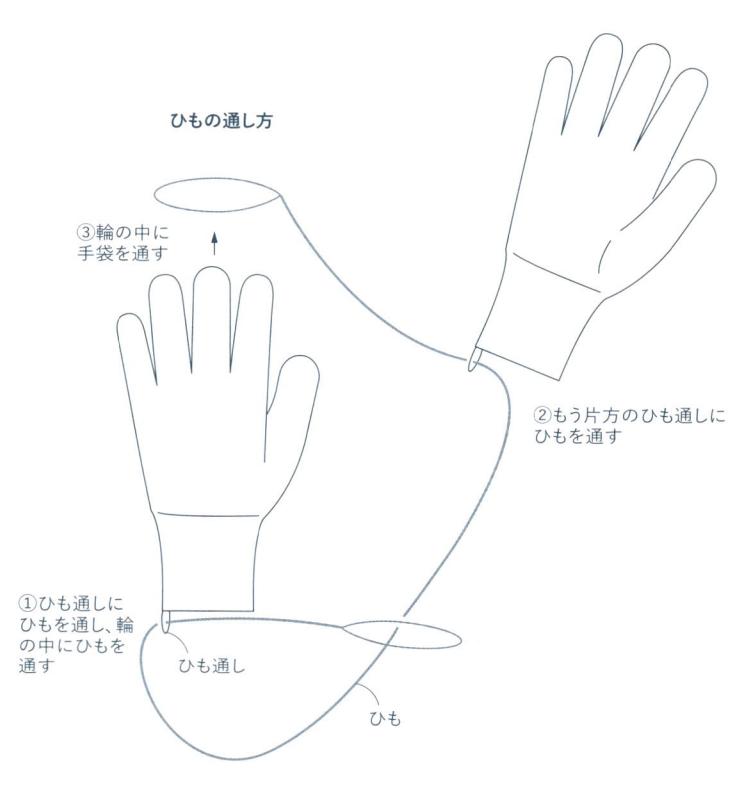

③輪の中に
手袋を通す

②もう片方のひも通しに
ひもを通す

①ひも通しに
ひもを通し、輪
の中にひもを
通す

ひも通し

ひも

※13歳未満のお子さまは、ひもをつけた手袋を首にかけたら、
　必ず上着を着用し、ひもを衣類の中に通して使用してください。
　ひもがドアや遊具などに引っかかって転倒しないよう、十分注意してください。

穴のふさぎ方　※わかりやすいように、糸の色を変えています

 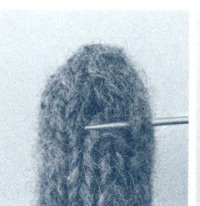    

手袋と同じ糸で、穴の2目右隣りの下側2本をとじ針ですくいます。
メリヤス編みの目の上をなぞるように、穴の上下を交互にすくって、右から左にすくっていきます。

CAFE手袋

size M_P.08

糸
ジェイミソンズ シェットランドスピンドリフト(25g玉巻き)
※ひもを含まない
Espresso(970)70g、Poppy(524)3g、
Natural White(104)2g

用具
5号5本棒針(長さ16cm)、8号4本棒針(長さ20cm)

ゲージ(2本どり)
メリヤス編み 20目30段が10cm四方

サイズ
てのひら回り18cm、丈28.5cm

編み方
糸は2本どりで、指定の針の号数、配色で編みます。
手首回りの2目ゴム編みの段数、メリヤス編みの編込み模様以外の
編み方はp.28と同じ。メリヤス編みの編込み模様は、8号針で糸を
横に渡す編込みで編みます。
※p.29〜32の編み方プロセスも併せてご覧ください。左手は対称
に編みます。

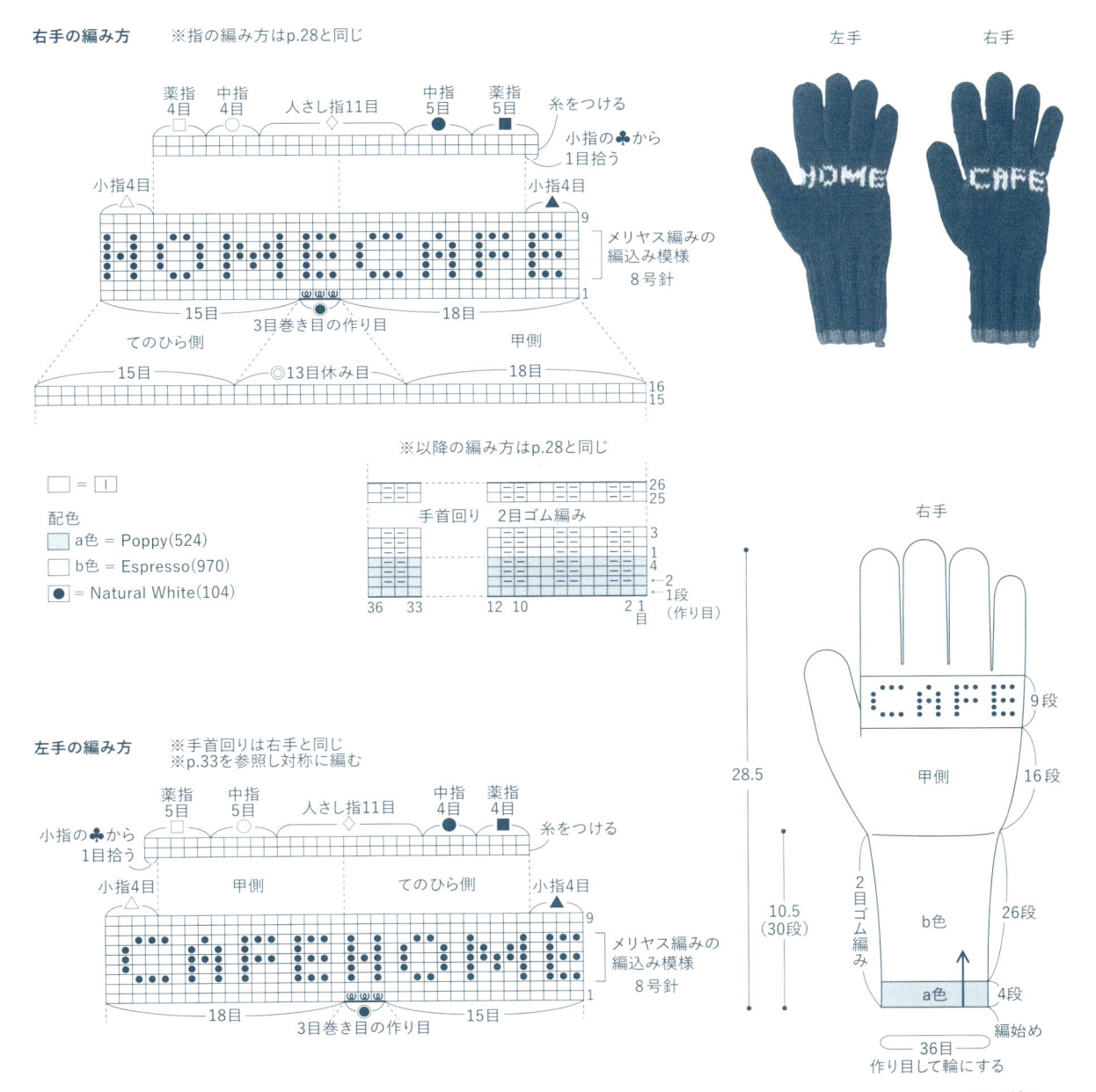

p.44へ続く

編込み図案

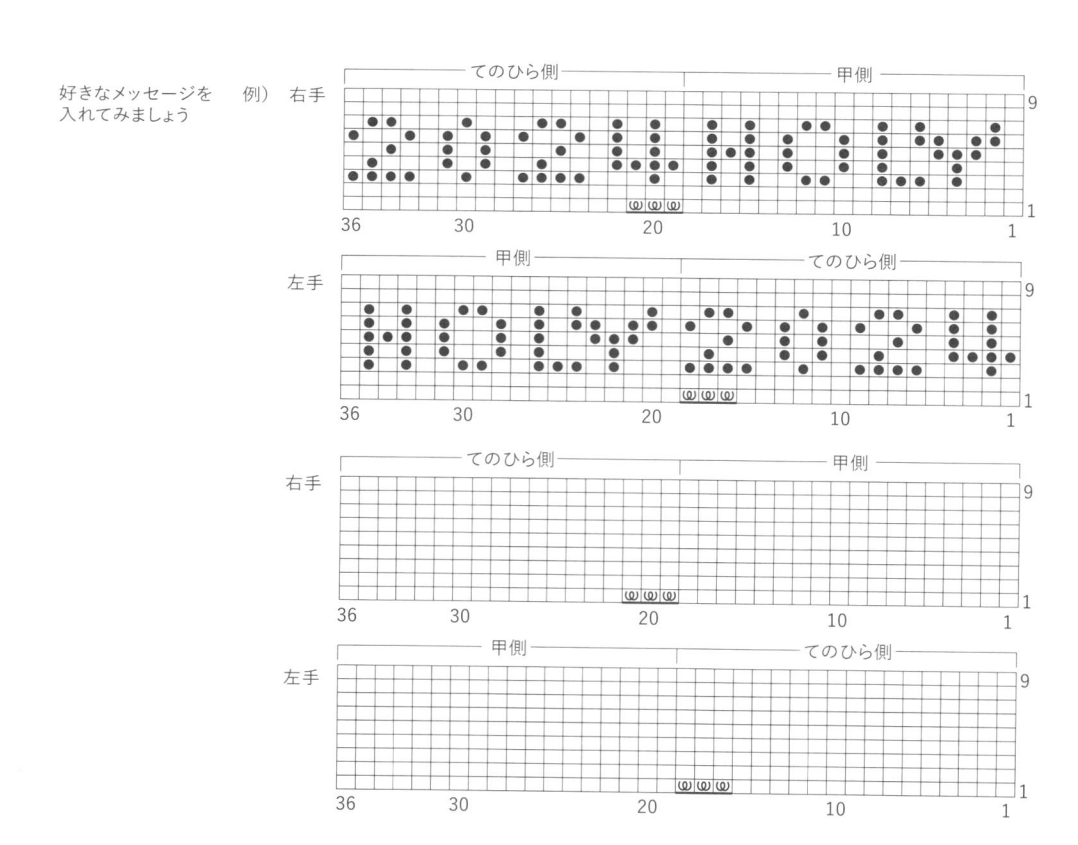

□・●・● = |

好きなメッセージを
入れてみましょう

例）右手

左手

右手

左手

ひつじ手袋

size M_P.09

糸
ジェイミソンズ シェットランドスピンドリフト(25g玉巻き)
Sapphire(676)45g、Natural White(104)5g

用具
5号5本棒針(長さ16cm) 5/0号、3/0号かぎ針

ボタン
直径1.8cmを2個

ゲージ(2本どり)
メリヤス編み 20目30段が10cm四方

サイズ
てのひら回り18cm、丈24cm

編み方
糸は2本どりで、指定の針の号数、配色で編みます。指にかける作り目をして編み始めます。段の始めをすべり目にし、図のように増しながら編みます。編込み模様は写真を参照して編みます。18段めまで往復に編み、19段めから輪にして、p.28と同様に編みます。縁編みはかぎ針で拾い目をして細編みを1段編みます。ボタンループを編みつけ、ボタンをつけます。
※p.29～32の編み方プロセスも併せてごらんください。左手は対称に編みます。

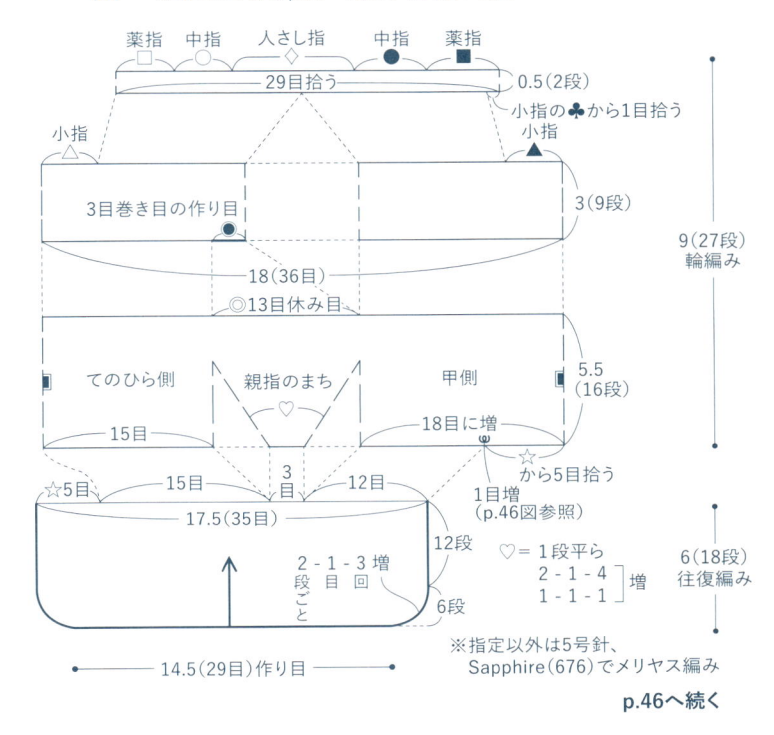

右手　※指の編み方はp.28　※左手は対称に編む

薬指 中指 人さし指 中指 薬指
29目拾う　0.5(2段)
小指の♣から1目拾う
小指　小指
3(9段)
3目巻き目の作り目
18(36目)
◎13目休み目
9(27段)輪編み
てのひら側　親指のまち　甲側
15目　3目　12目　5.5(16段)
18目に増
☆5目　15目　12目
17.5(35目)
☆から5目拾う
1目増(p.46図参照)
12段
6段
2-1-3 増
段 目 回
ご と
♡ = 1段平ら
2-1-4
1-1-1]増
6(18段)往復編み
14.5(29目)作り目
※指定以外は5号針、Sapphire(676)でメリヤス編み

p.46へ続く

縦に糸を渡しながら、地糸を横に渡して編む方法

※地糸を2玉用意せず編む方法を紹介します。編込み模様の境目で地糸と配色糸をからませたら、地糸を横に渡して編みます。地糸を切らずに編むことができます

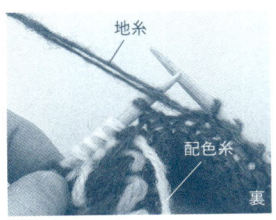

1 裏から編む段。地糸と配色糸(羊)の境目では、地糸の下から配色糸を渡して編みます。

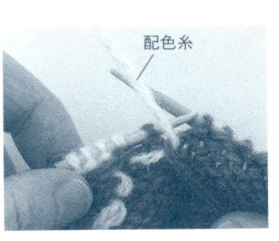

2 配色糸を地糸の下から引き上げて、次の目を編みます。

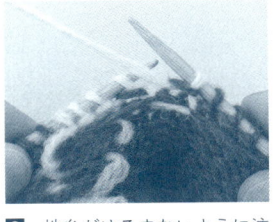

3 地糸がゆるまないように注意します。

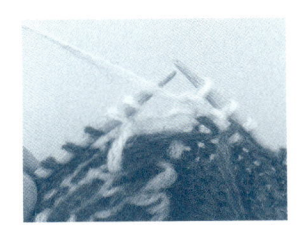

4 配色糸で記号図どおり編みます。

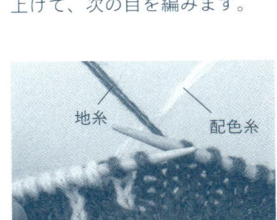

5 地糸で編むときは、配色糸の上から地糸を渡して編みます。

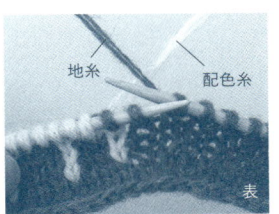

6 表から編む段。配色糸で編むときは、地糸の下から配色糸を渡して編みます。

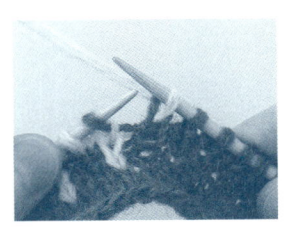

7 配色糸で編んだところ。

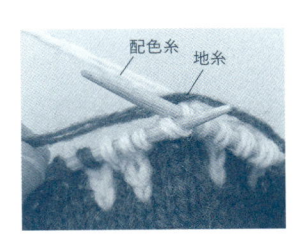

8 羊の真ん中で、裏に渡る地糸を写真のように置いて、配色糸で続きを編み、裏側で地糸をからませます。

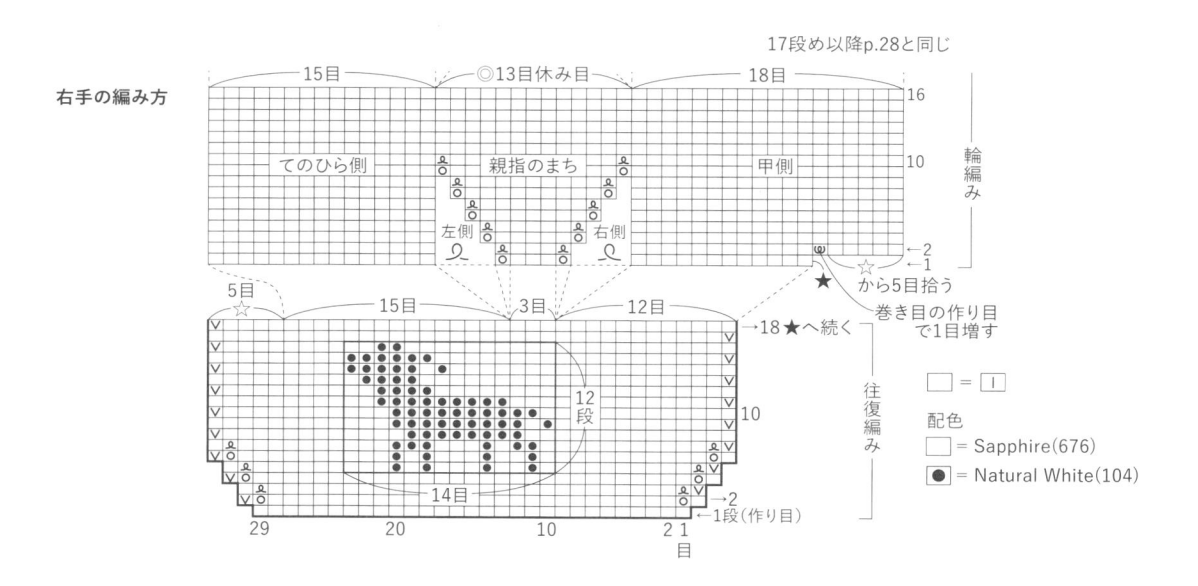

右手の編み方

17段め以降p.28と同じ

- 15目 ◎13目休み目 18目 16
- てのひら側　親指のまち　甲側 10 輪編み
- 左側　右側 ←2 ←1
- ★ ☆から5目拾う

5目☆ 15目 3目 12目

→18★へ続く

巻き目の作り目で1目増す

□ = Ⅰ

配色
□ = Sapphire(676)
● = Natural White(104)

12段

→18★へ続く

14目

往復編み

29 20 10 2 1 目

1段(作り目)

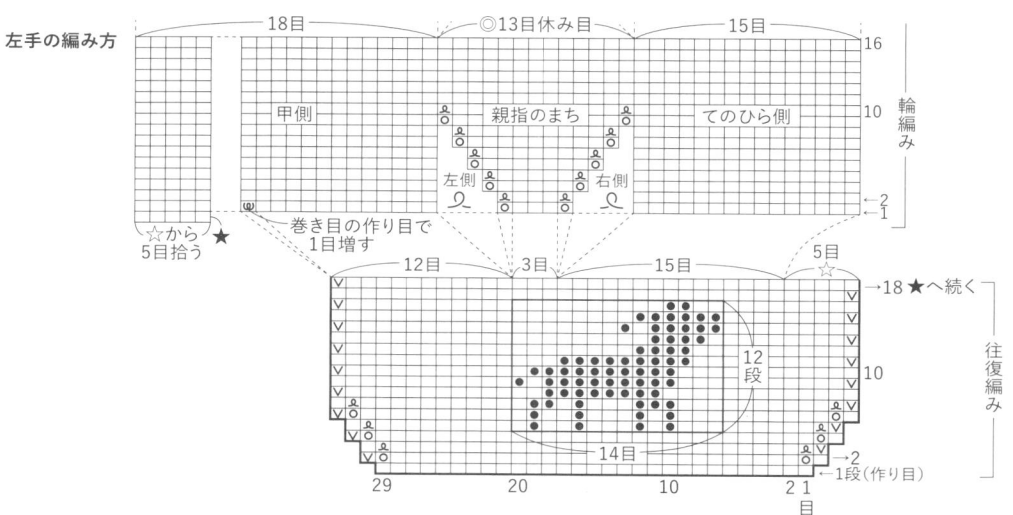

左手の編み方

18目 ◎13目休み目 15目 16

甲側　親指のまち　てのひら側 10 輪編み

左側　右側 ←2 ←1

☆から5目拾う ★ 巻き目の作り目で1目増す

12目 3目 15目 5目☆

→18★へ続く

12段

14目

往復編み

29 20 10 2 1 目

1段(作り目)

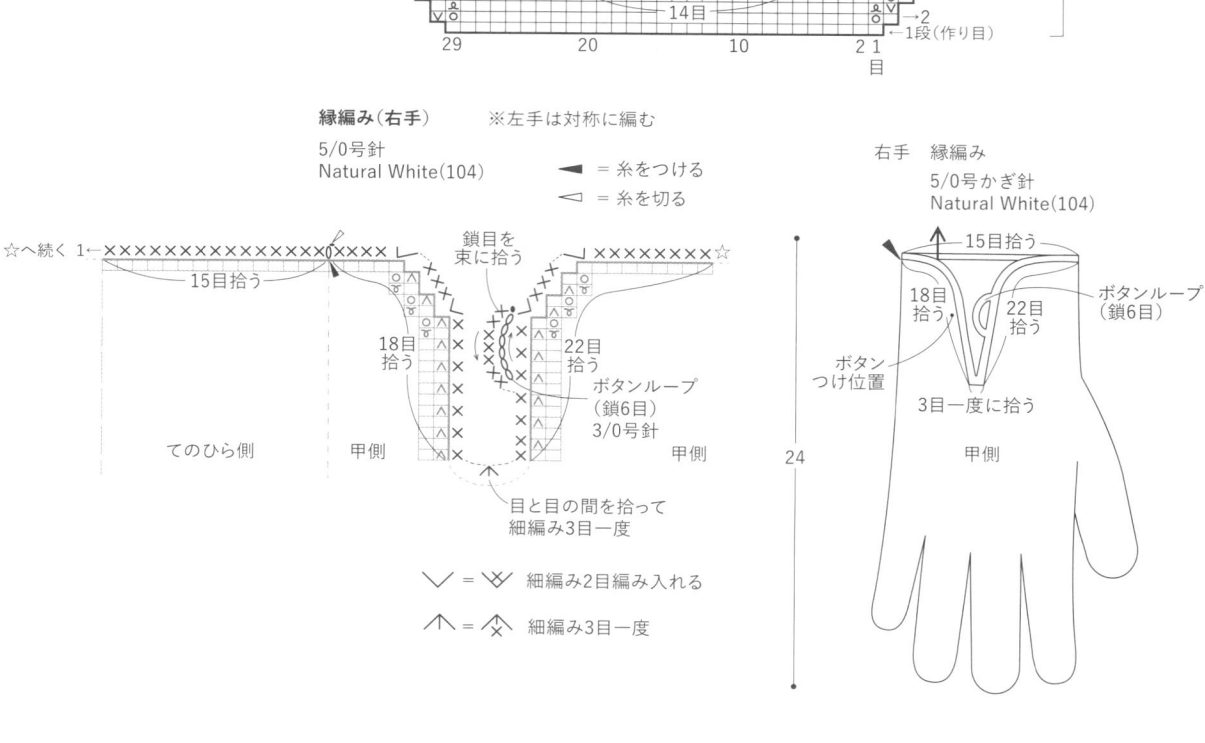

縁編み(右手)　※左手は対称に編む

5/0号針
Natural White(104)

◀ = 糸をつける
◁ = 糸を切る

☆へ続く 1←××××××××××××
15目拾う

鎖目を束に拾う

××××××××× ☆

18目拾う

22目拾う

ボタンループ
(鎖6目)
3/0号針

てのひら側　甲側　甲側

目と目の間を拾って
細編み3目一度

∨ = 細編み2目編み入れる
∧ = 細編み3目一度

右手　縁編み
5/0号かぎ針
Natural White(104)

15目拾う

18目拾う
22目拾う

ボタンループ
(鎖6目)

ボタンつけ位置

3目一度に拾う

甲側

24

セルブーミトン

size S_P.10 M_P.11

※指定以外はS、M共通

糸
ジェイミソンズ シェットランドスピンドリフト(25g玉巻き)
※ひもを含まない
S：Leaf(788)25g、Natural White(104)22g
M：Mirry Dancers(1400)35g、Pebble(127)25g

用具
3号、1号5本棒針(長さ16cm)

ゲージ
メリヤス編みの編込み模様
手首回り　30.5目が10cm、18段が4.5cm
てのひら、甲、親指　30目31.5段が10cm四方

サイズ
S：てのひら回り20.5cm、丈24cm
M：てのひら回り23.5cm、丈25.5cm

編み方
糸は1本どりで、指定の針の号数、配色で編みます。
右手を編みます。指にかけるしっかりした作り目をして輪にし、手首回りを模様編みとメリヤス編みの編込み模様で編みます。続けて、甲側、てのひら側を編みますが、親指のまちはかけ目で増し、次段で左右対称にねじり目を編みます。親指のまちを休み目にして、その上に指定の配色で巻き目の作り目をします。指先は減らしながら編み、残った目に糸を2周通して絞ります。親指は、休み目と巻き目の作り目から拾って輪に編み、指先を減らしながら編みます。
※左手は対称に編みます。

S=サイズS M=サイズM
サイズ別の表示がない部分は共通

親指　3号針

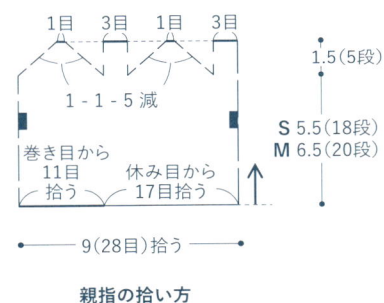

1.5(5段)
1目　3目　1目　3目
1 - 1 - 5 減
S 5.5(18段)
M 6.5(20段)
巻き目から11目拾う　休み目から17目拾う
9(28目)拾う

親指の拾い方

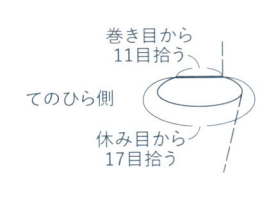

巻き目から11目拾う
てのひら側
休み目から17目拾う

右手　※指定以外はメリヤス編みの編込み模様。
1号針、3号針(記号図参照)
残った目にNatural White(104)を2周通して絞る。
※左手は対称に編む

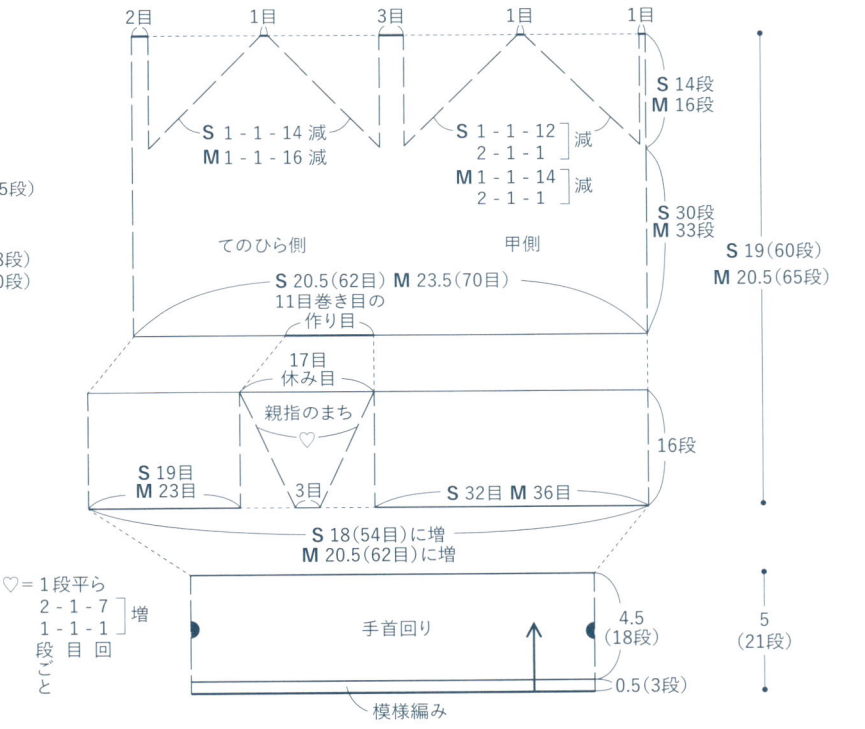

2目　1目　3目　1目　1目
S 14段 M 16段
S 1 - 1 - 14 減
M 1 - 1 - 16 減
S 1 - 1 - 12 / 2 - 1 - 1 減
M 1 - 1 - 14 / 2 - 1 - 1 減
S 30段 M 33段
てのひら側　　甲側
S 20.5(62目) M 23.5(70目)
11目巻き目の作り目
17目休み目
親指のまち ♡
S 19目 M 23目　3目　S 32目 M 36目
16段
S 18(54目)に増
M 20.5(62目)に増
S 19(60段) M 20.5(65段)
♡=1段平ら
2 - 1 - 7 / 1 - 1 - 1 増
段ごと　目　回
手首回り
4.5(18段)
0.5(3段)
5(21段)
模様編み
S 16.5(50目) M 19.5(60目)
しっかりした作り目をして輪にする

しっかりした作り目

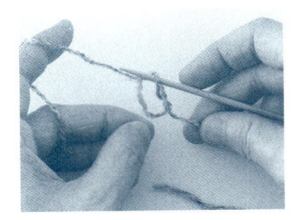

1 親指にかける糸を各作品の指定の長さで残して、糸で輪を作り、3号針1本にかけます。

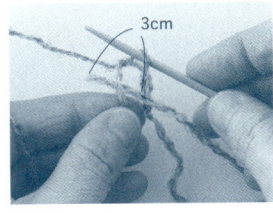

2 輪の中に糸端を通し、引き締めます。

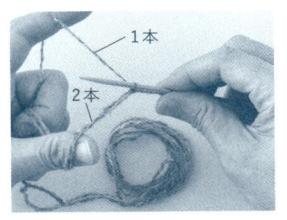

3 2本引きそろえて親指にかけ、指に糸をかける作り目(p.34)をします。

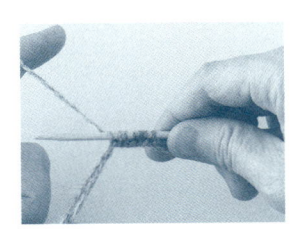

4 指定の目数を作ります。

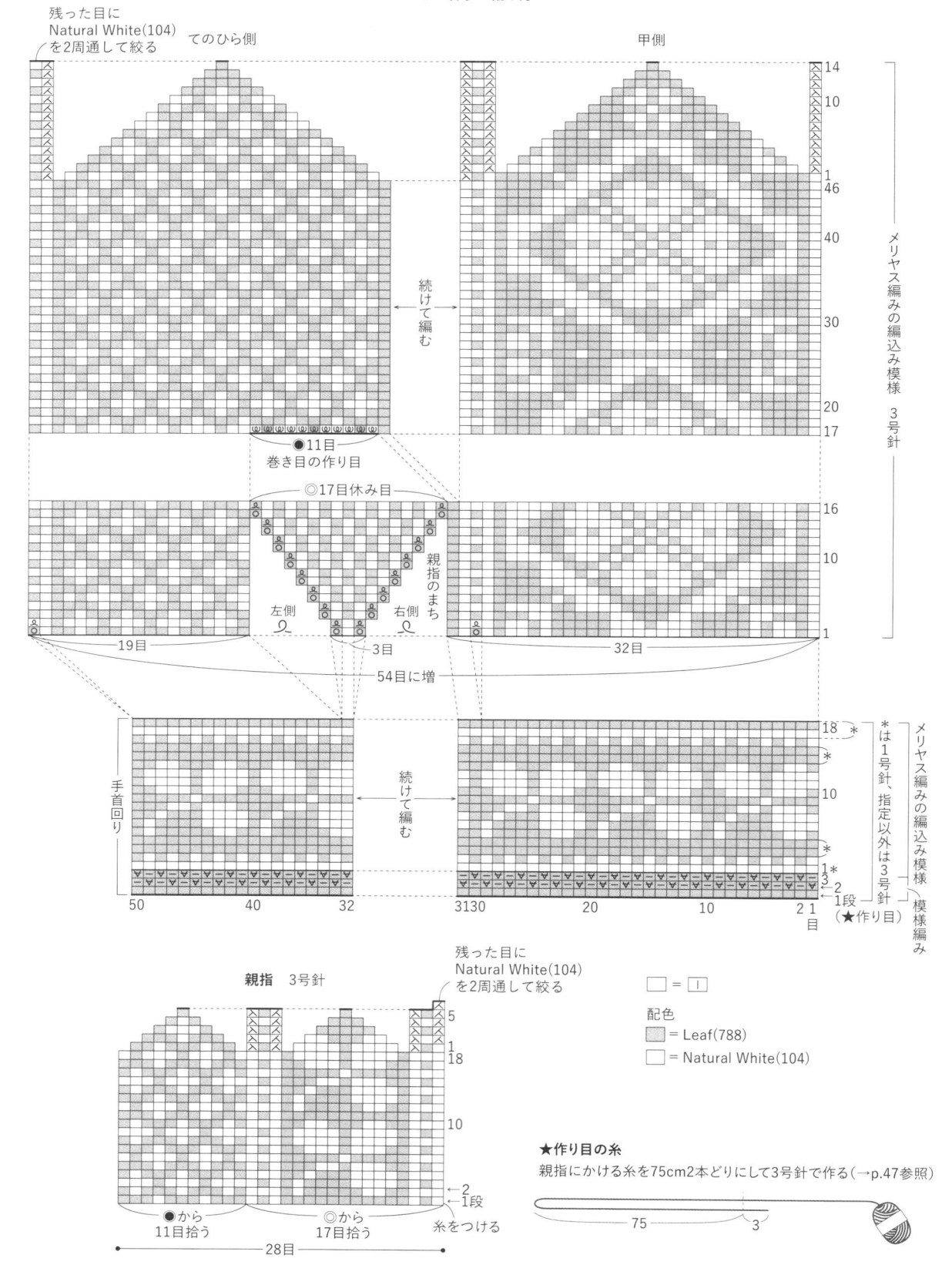

S　右手の編み方

残った目に
Natural White(104)
を2周通して絞る　　てのひら側

甲側

メリヤス編みの編込み模様　3号針

●11目
巻き目の作り目

◎17目休み目

続けて編む

親指のまち

左側　　右側

19目　　3目

32目

54目に増

メリヤス編みの編込み模様

模様編み

手首回り

続けて編む

*は1号針、指定以外は3号針

18 *
*
*
1 *
3
2
1段（★作り目）

50　40　32

3130　20　10　2 1
目

親指　3号針

残った目に
Natural White(104)
を2周通して絞る

□ = □

配色
■ = Leaf(788)
□ = Natural White(104)

2
1段

●から
11目拾う

◎から
17目拾う

糸をつける

28目

★作り目の糸
親指にかける糸を75cm2本どりにして3号針で作る（→p.47参照）

75　3

S　左手の編み方

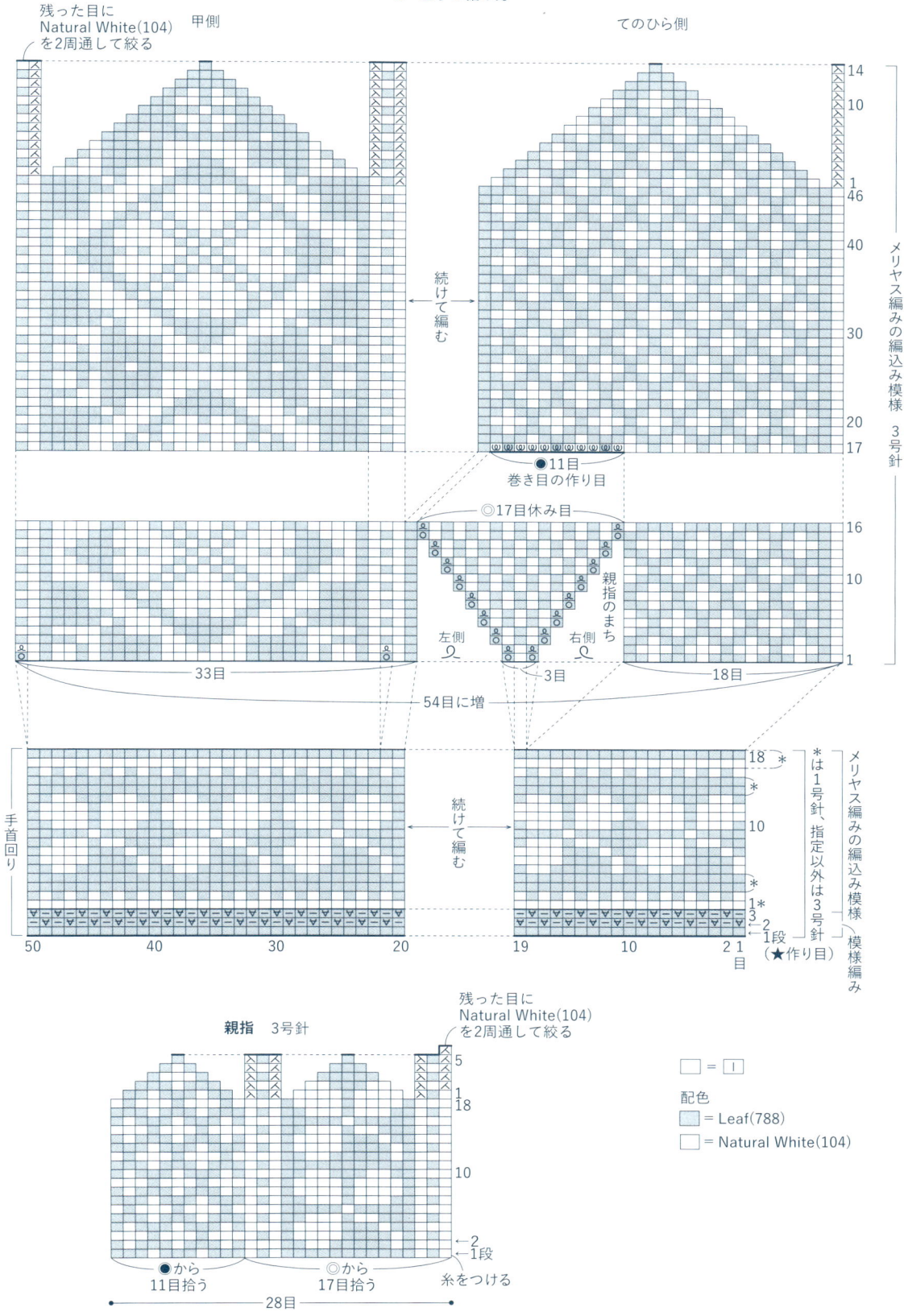

49

M　右手の編み方

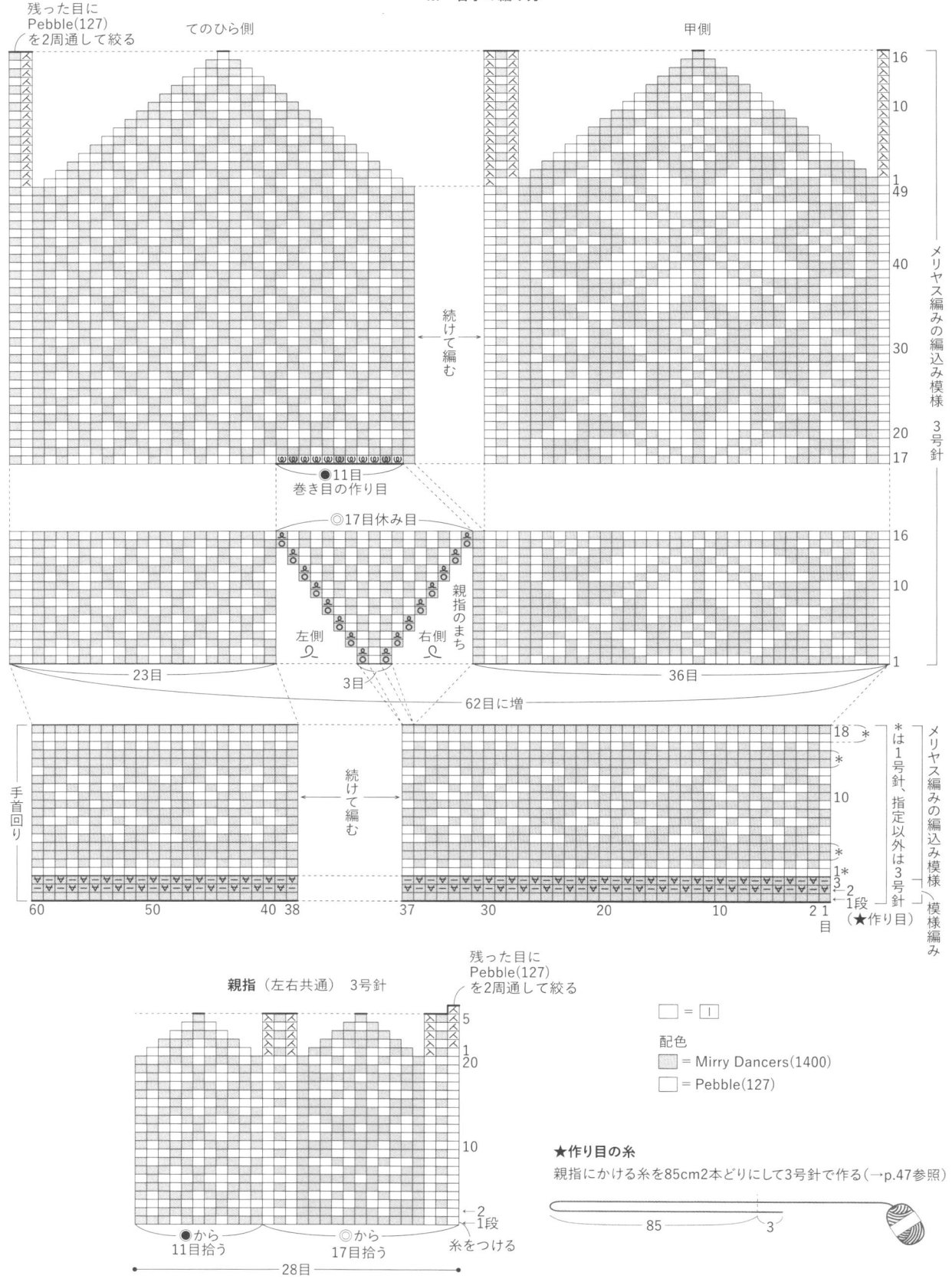

てのひら側　　　甲側

残った目に
Pebble(127)
を2周通して絞る

●11目
巻き目の作り目

◎17目休み目

親指のまち

左側　　右側

23目　　3目　　36目

62目に増

続けて編む

手首回り

60　50　40 38　37　30　20　10　2 1目

18 *

10

1 *

3
2
1段
（★作り目）

* は1号針　指定以外は3号針

メリヤス編みの編込み模様　模様編み

メリヤス編みの編込み模様　3号針

親指（左右共通）　3号針

残った目に
Pebble(127)
を2周通して絞る

糸をつける

●から
11目拾う

◎から
17目拾う

28目

□ = □

配色
▨ = Mirry Dancers(1400)
□ = Pebble(127)

★作り目の糸
親指にかける糸を85cm2本どりにして3号針で作る（→p.47参照）

85　　3

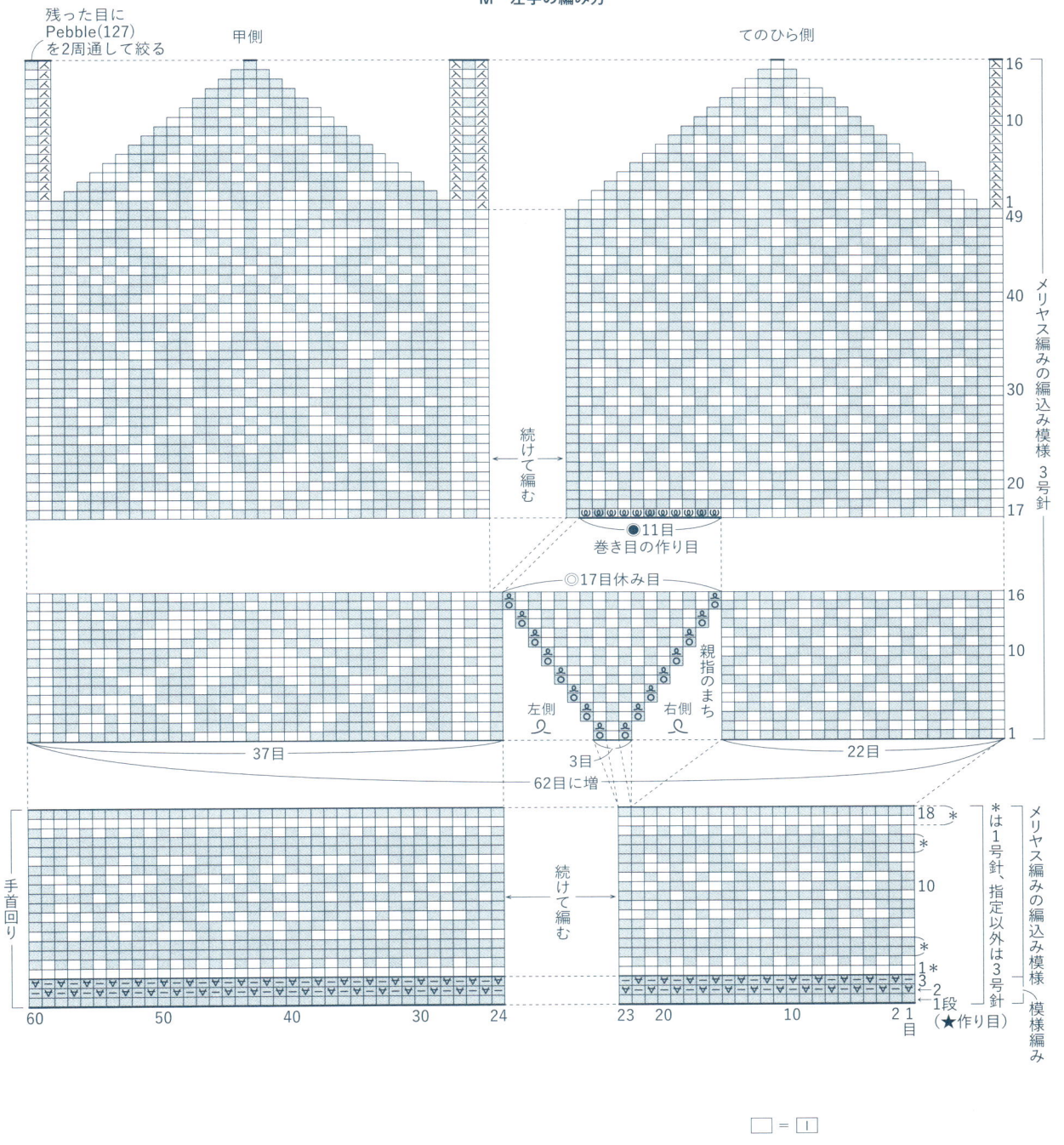

残った目に
Pebble(127)
を2周通して絞る

甲側

てのひら側

続けて編む

●11目
巻き目の作り目

◎17目休み目

親指のまち

左側

右側

37目

3目

62目に増

22目

メリヤス編みの編込み模様　3号針

続けて編む

手首回り

*は1号針、指定以外は3号針

メリヤス編みの編込み模様

模様編み

18　*

*

10

*
13　*
2
1目

1段
(★作り目)

□ = □

配色
■ = Mirry Dancers(1400)
□ = Pebble(127)

セルブー手袋

size S_M_L-LL_P.12.13

※指定以外はS、M、L-LL共通

糸
ジェイミソンズ シェットランドスピンドリフト（25g玉巻き）
※ひもを含まない
S ：Shetland Black(101)35g、Eesit(105)20g
M ：Madder(587)40g、Natural White(104)20g
L-LL：Sholmit(103)35g、Natural White(104)35g

用具
3号、1号5本棒針（長さ16cm）

ゲージ
メリヤス編みの編込み模様
手首回り　30.5目が10cm、18段が4.5cm
てのひら、甲、親指　30目31.5段が10cm四方

サイズ
S ：てのひら回り20.5cm、丈23cm
M ：てのひら回り23.5cm、丈23.5cm
L-LL：てのひら回り26.5cm、丈27cm

編み方
糸は1本どりで、指定の針の号数、配色で編みます。
右手を編みます。指にかけるしっかりした作り目をして輪にし、手首回りを模様編みとメリヤス編みの編込み模様で編みます。続けて甲側、てのひら側を編みますが、親指のまちは、かけ目で増し、次段で左右対称にねじり目を編みます。親指のまちを休み目にして、その上に指定の配色で巻き目の作り目をします。小指は甲側から拾い目、巻き目の作り目をし、てのひら側から拾い目をして輪に編み、指先を減らしながら編み、残った目に糸を2周通して絞ります。薬指は糸をつけて編みますが、小指の巻き目の作り目から拾って編みます。人さし指は小指と同様に編みます。中指は薬指、人さし指からも目を拾って編みます。親指は休み目と巻き目の作り目から拾って輪に編み、指先を減らしながら編みます。
※左手は対称に編みます。

S＝サイズS　M＝サイズM　L＝サイズL-LL
サイズ別の表示がない部分は共通

※指は番号順にすべて3号針、メリヤス編みの編込み模様。残った目に最後の糸を2周通して絞る

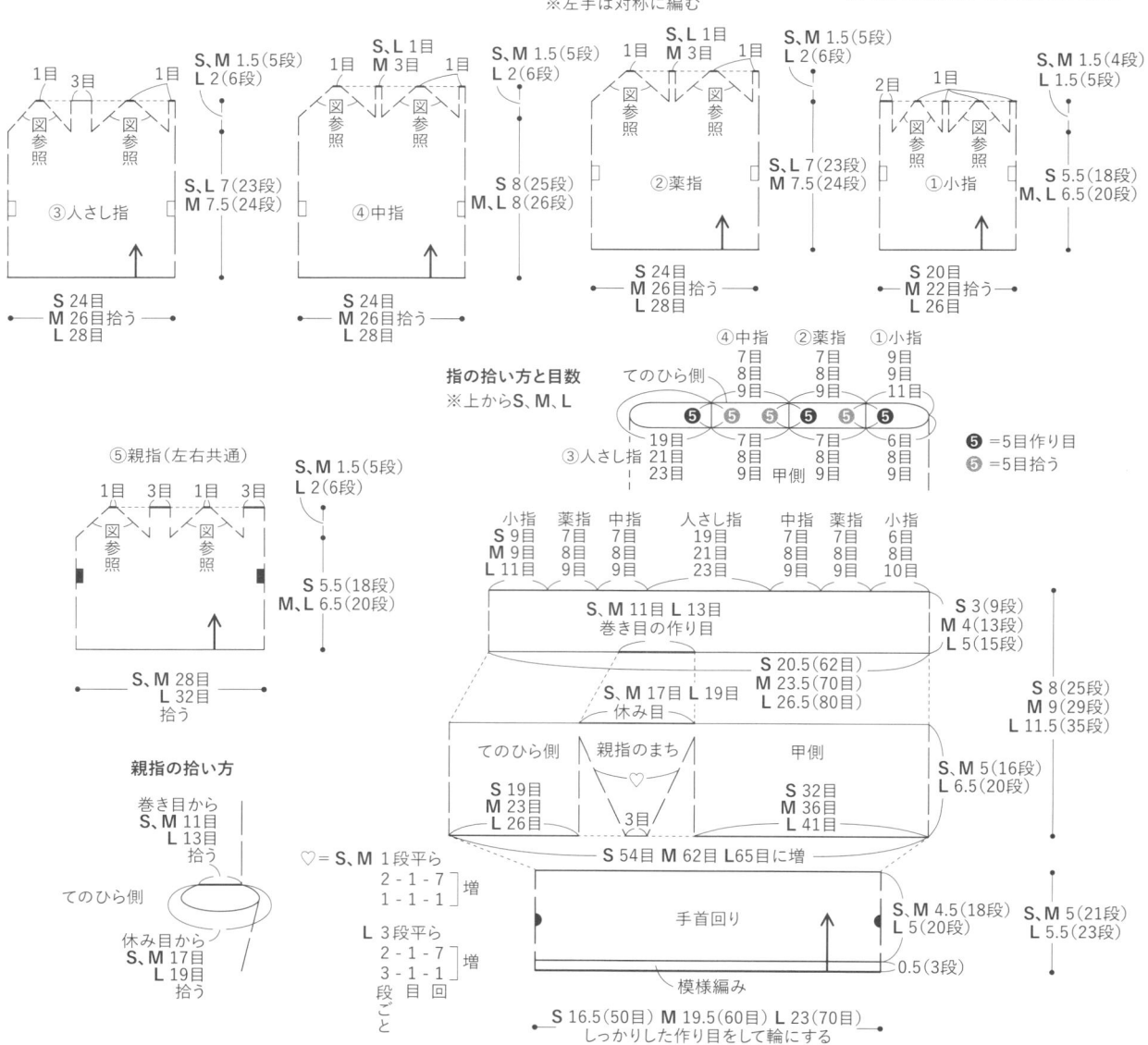

セルブー手袋　薬指の拾い方

※薬指は小指の「巻き目の作り目」のどこから拾い始めるか、編み図をよく見て拾い始めましょう。
　ここではMサイズの右手薬指を解説しています。中指を拾うときも参考にしてください

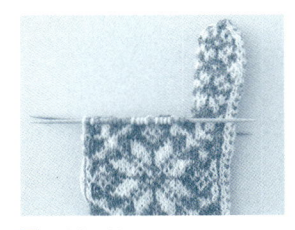

1　小指が編めたところ。

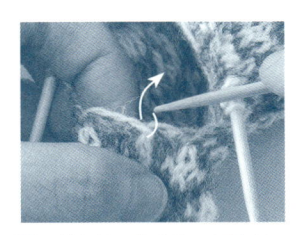

2　巻き目の作り目の3目めに針を入れます。

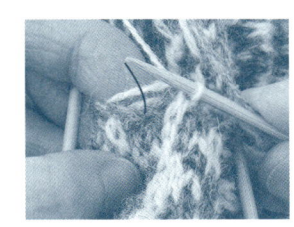

3　糸をかけて引き出します。続けて、左隣りの2目から拾います。

4　巻き目の作り目から3目拾ったら、続けて甲側の針にかかっている8目を編みます。

5　続けて、巻き目の作り目で5目作ります。指定の配色をねじって針にかけます。

6　5目作りました。続けて、てのひら側の針にかかっている8目を編みます。

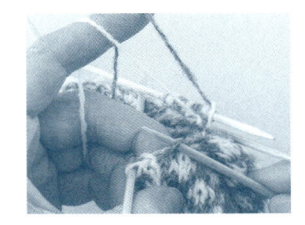

7　続けて、残っている巻き目の作り目から拾います。

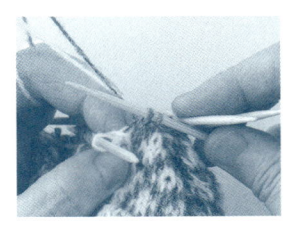

8　2目拾いました。1段めの1周26目が編めました。以降、記号図どおり輪に編みます。

裏に渡る糸が長いときの編み方

※編込み模様の配色が5目以上続くとき、裏に渡る糸が長いときは、4～5目おきに、
　裏で裏に渡る糸を交差させて、編み地の裏側に編まない糸をからめます

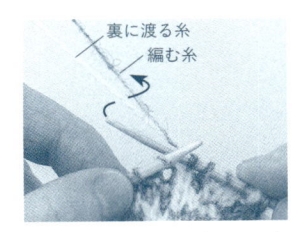

1　次の目で、裏に渡る糸を交差させます。

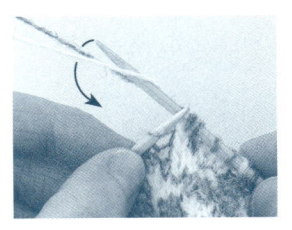

2　次の目に右針を入れたら、裏に渡る糸の下から、編む糸に針をかけ、引き出します。

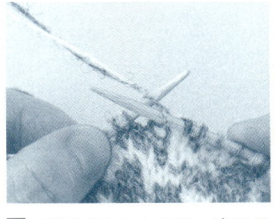

3　引き出したところ。次の目から普通に編みます。

裏から見たところ。

サイズ S
左手　右手

サイズ M
左手　右手

サイズ L-LL
左手　右手

S　右手の編み方

※指は番号順に輪に編む。すべてメリヤス編みの編込み模様、3号針。
小指以外は、糸をつけて編む。
編終りは、残った目にEesit(105)を2周通して絞る

⑤親指
※編み方はp.48と同じ

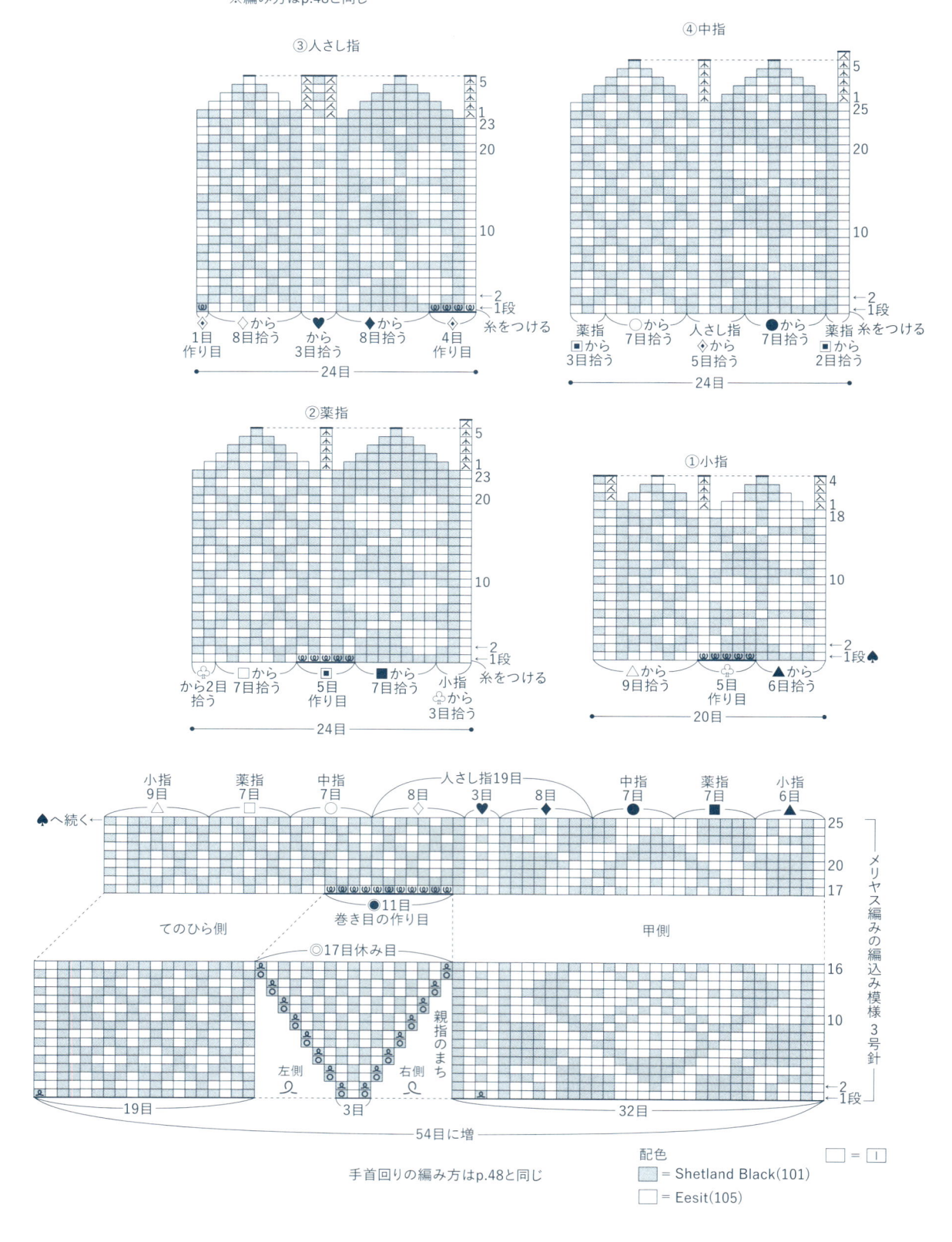

手首回りの編み方はp.48と同じ

配色
■ = Shetland Black(101)
□ = Eesit(105)
□ = I

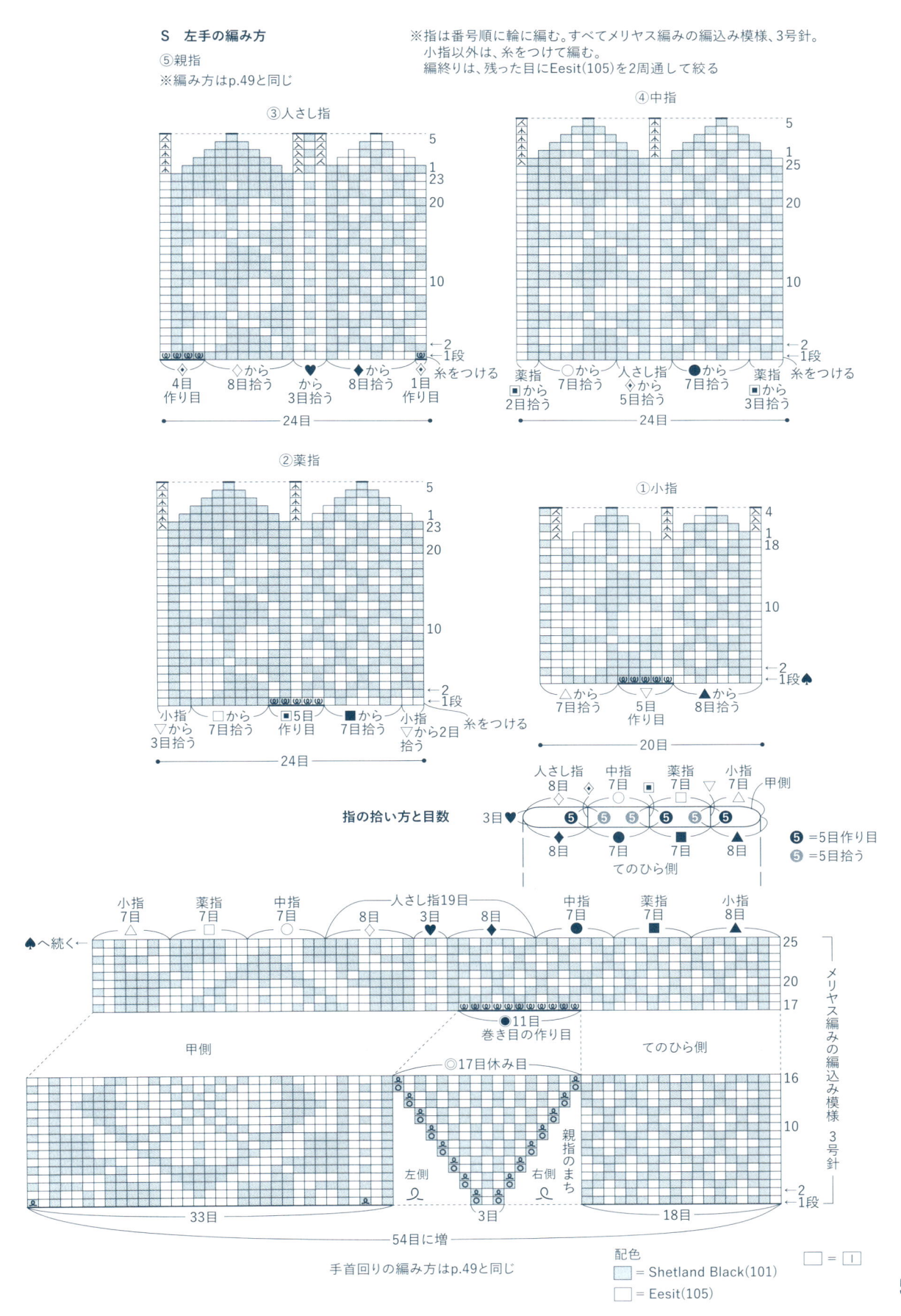

S　左手の編み方

⑤親指
※編み方はp.49と同じ

※指は番号順に輪に編む。すべてメリヤス編みの編込み模様、3号針。
小指以外は、糸をつけて編む。
編終りは、残った目にEesit(105)を2周通して絞る

③人さし指

④中指

②薬指

①小指

指の拾い方と目数

⑤ =5目作り目
⑤ =5目拾う

甲側

てのひら側

▲へ続く←

◉11目
巻き目の作り目

◎17目休み目

親指のまち

手首回りの編み方はp.49と同じ

配色
□ = Shetland Black(101)
□ = Eesit(105)
□ = □

⑤親指
※編み方はp.50と同じ

※指は番号順に輪に編む。すべてメリヤス編みの編込み模様、3号針。
　小指以外は、糸をつけて編む。
　編終りは、残った目にNatural White(104)を2周通して絞る

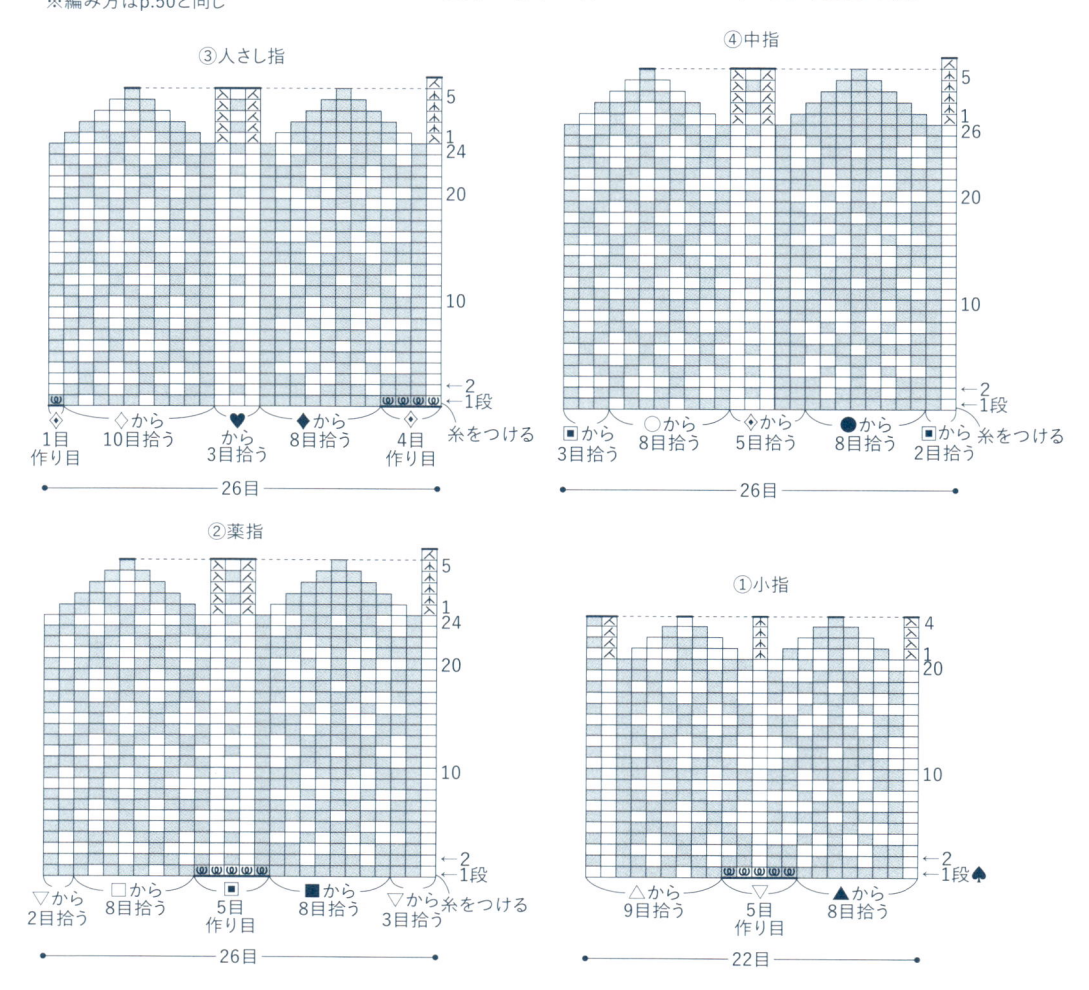

③人さし指

④中指

②薬指

①小指

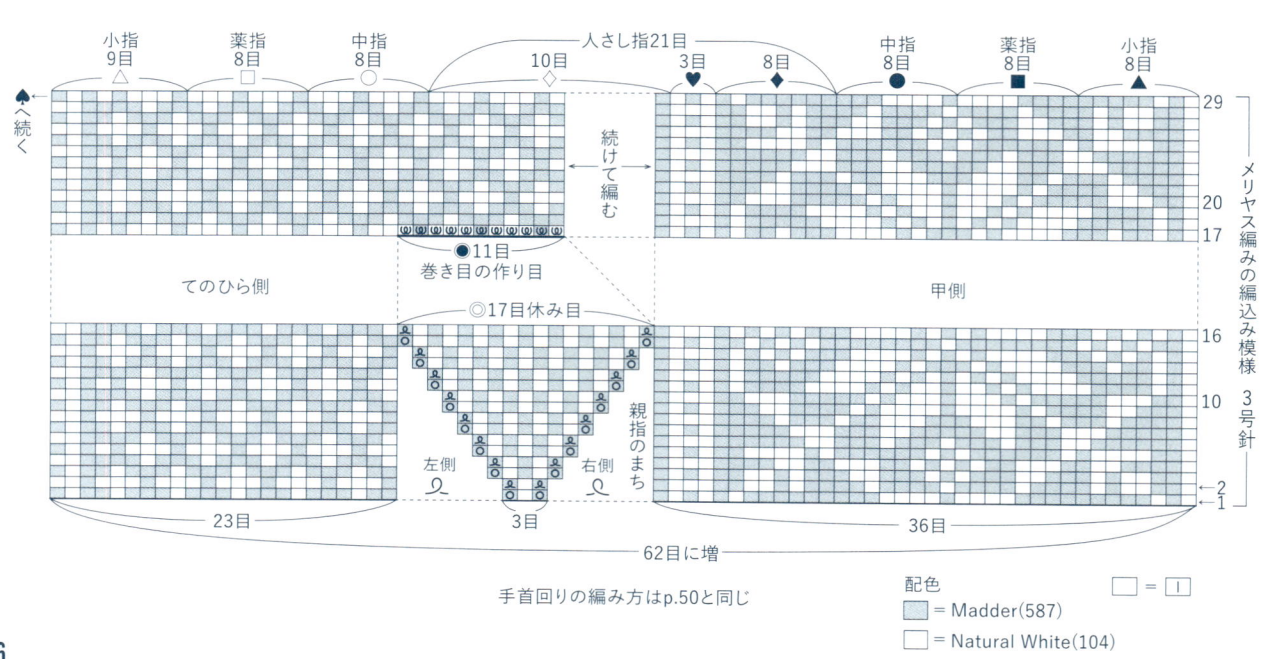

小指
9目 △

薬指
8目 □

中指
8目 ○

人さし指21目

10目 ◇

3目 ♥

8目 ◆

中指
8目 ●

薬指
8目 ■

小指
8目 ▲

へ続く

続けて編む

●11目
巻き目の作り目

◎17目休み目

てのひら側

甲側

親指のまち

左側　　右側

23目

3目

36目

62目に増

手首回りの編み方はp.50と同じ

配色
■ = Madder(587)
□ = Natural White(104)
□ = | |

M　左手の編み方

⑤親指
※編み方はp.50と同じ

※指は番号順に輪に編む。すべてメリヤス編みの編込み模様、3号針。
　小指以外は、糸をつけて編む。
　編終りは、残った目にNatural White(104)を2周通して絞る

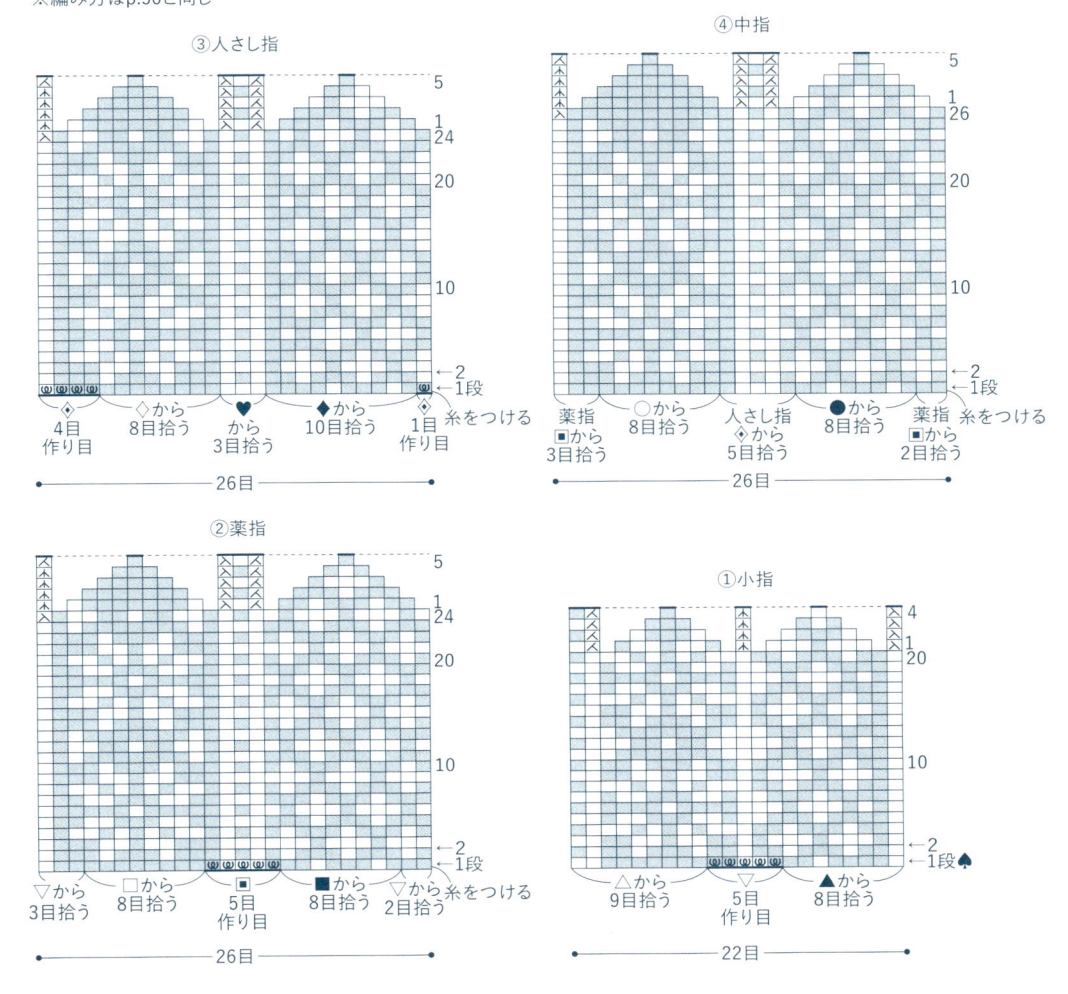

③人さし指

④中指

②薬指

①小指

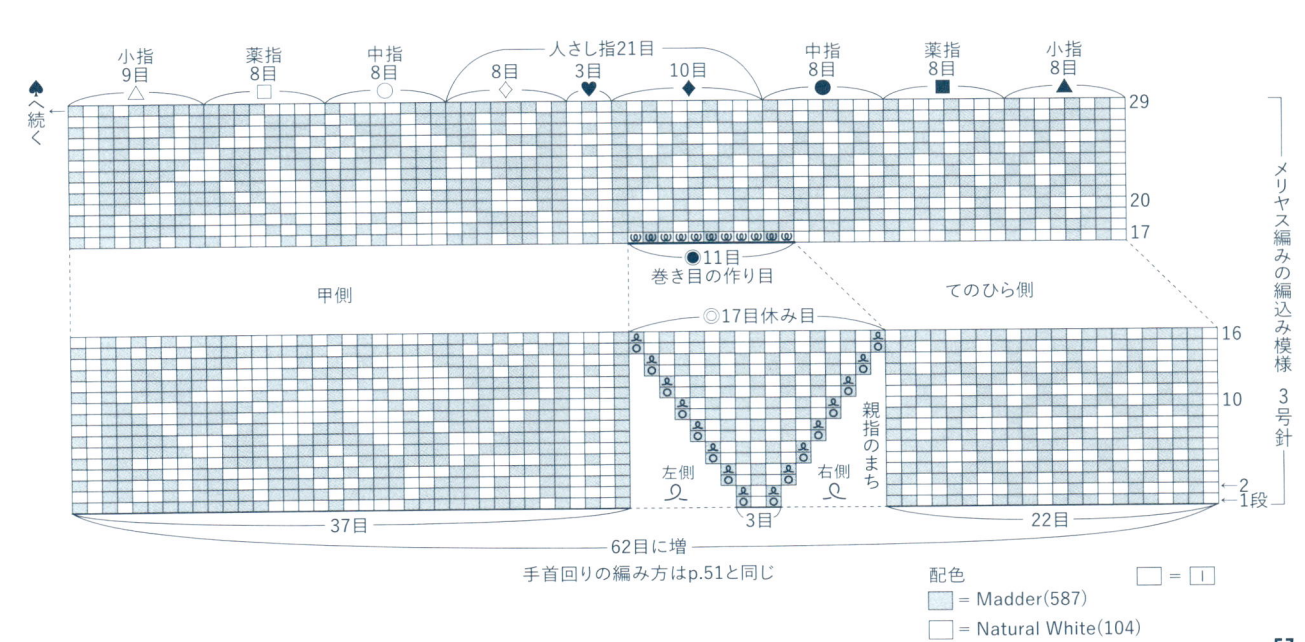

手首回りの編み方はp.51と同じ

配色
■ = Madder(587)
□ = Natural White(104)
□ = □

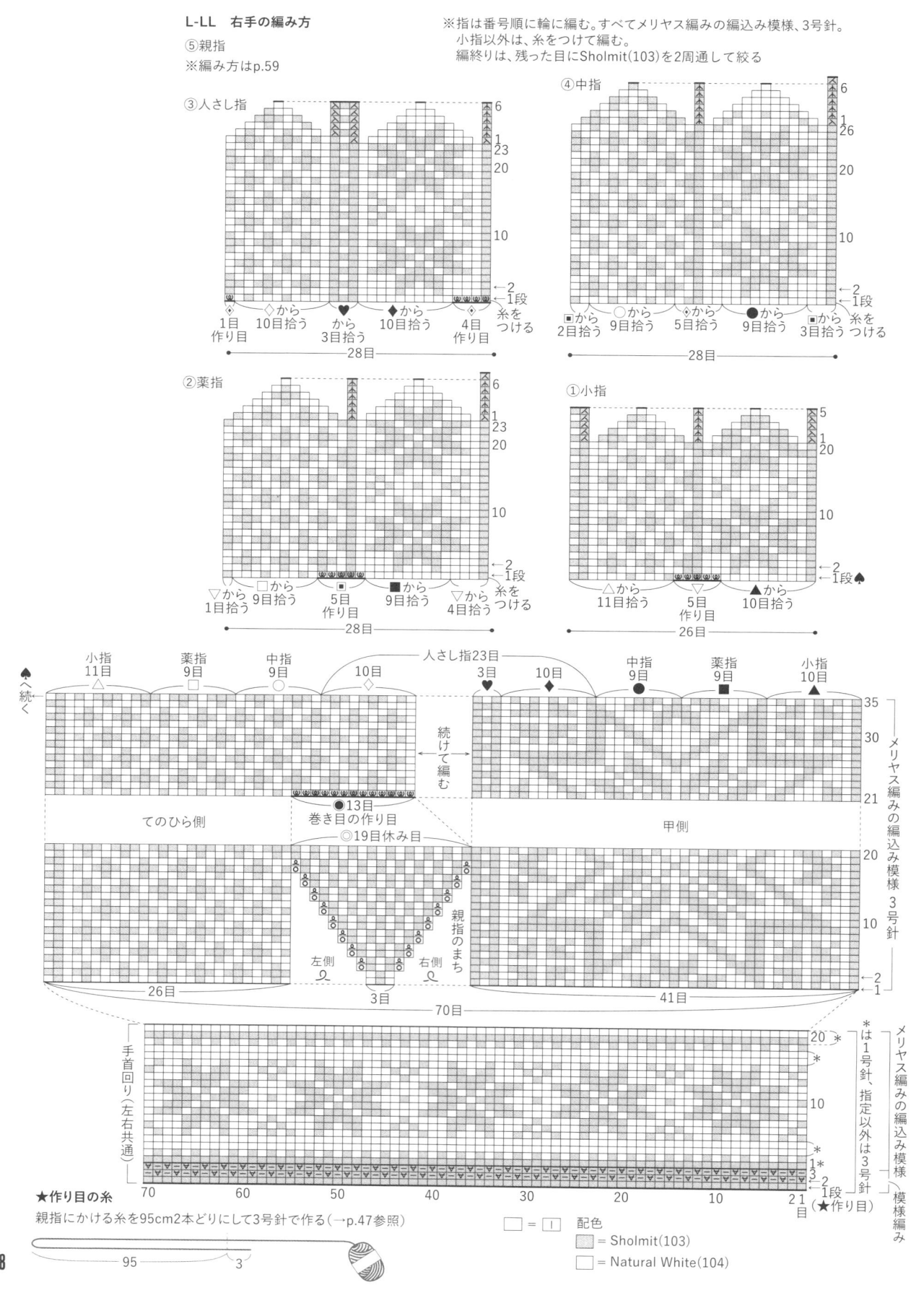

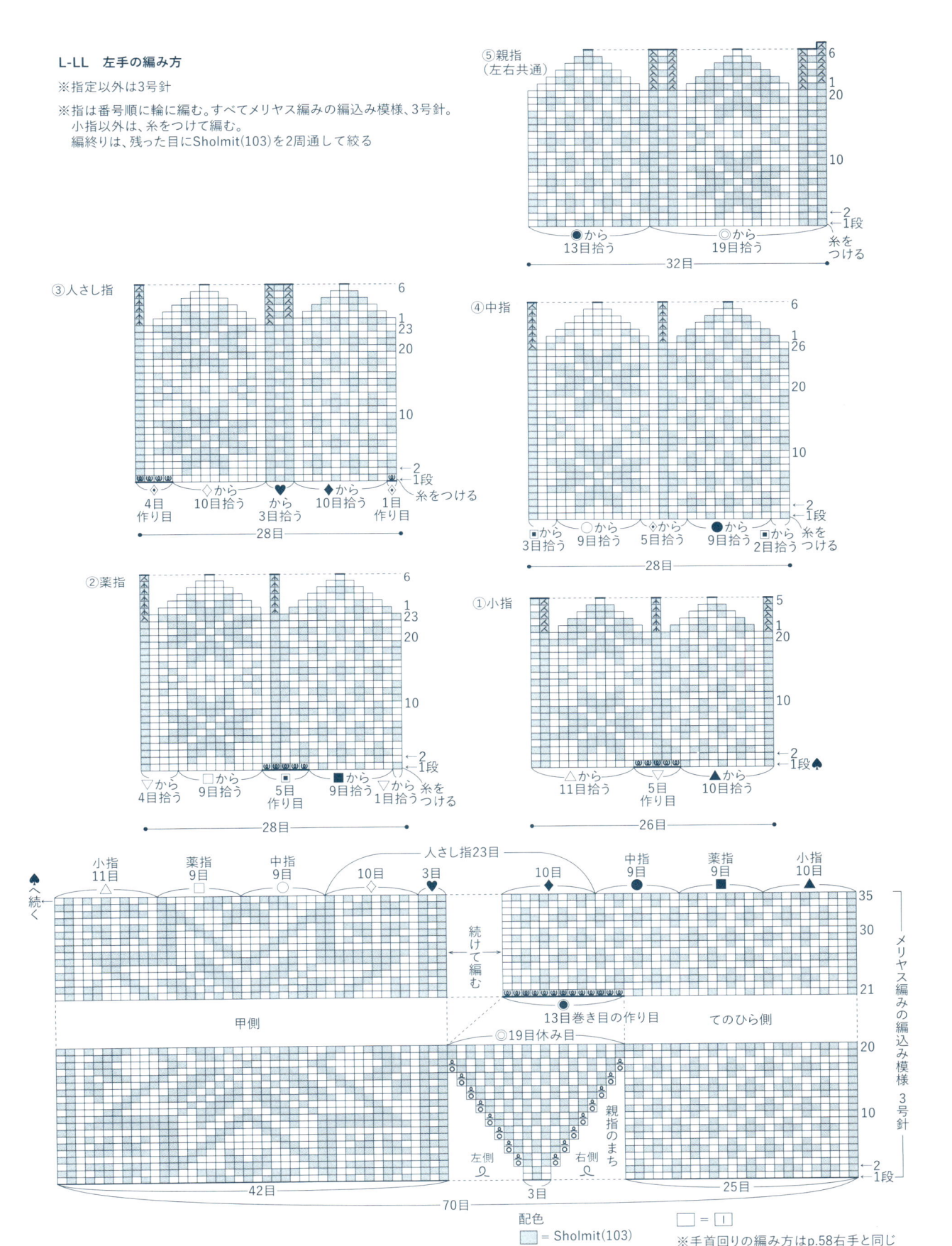

L-LL　左手の編み方

※指定以外は3号針

※指は番号順に輪に編む。すべてメリヤス編みの編込み模様、3号針。
　小指以外は、糸をつけて編む。
　編終りは、残った目にSholmit(103)を2周通して絞る

配色
■ = Sholmit(103)
□ = Natural White(104)

□ = | I |

※手首回りの編み方はp.58右手と同じ

59

セルブーキャップ

size M_P.14 L_P.15

※指定以外M、L共通

糸
ジェイミソンズ シェットランドスピンドリフト(25g玉巻き)
M：Shetland Black(101)、Eesit(105)各50g、
　　Ginger(462)30g
L：Sholmit(103)、Natural White(104)各50g、
　　Admiral Navy(727)30g

用具
5号、6号、8号4本棒針(長さ30cm)

ゲージ(2本どり)
メリヤス編みの編込み模様A～E　21.5目24.5段が10cm四方

サイズ
M：頭回り48.5cm、深さ20.5cm
L：頭回り52cm、深さ22.5cm

編み方
糸は2本どりで、指定の針の号数、配色で編みます。
別鎖の作り目をして、輪に編み始めます。メリヤス編みの編込み模様は、糸を横に渡す編込みで編みます。図のように減らしながら編み、残った目に糸を2周通して絞ります。別鎖をほどきながら目を針に移して、ガーター編みと2目ゴム編みを輪に編み、編終りは2目ゴム編み止めにします。ポンポンを作り、トップにとじつけます。
※かぶり口の2目ゴム編みを内側に折ってかぶることもできます。

M＝サイズM　L＝サイズL
サイズ別の表示がない部分は共通

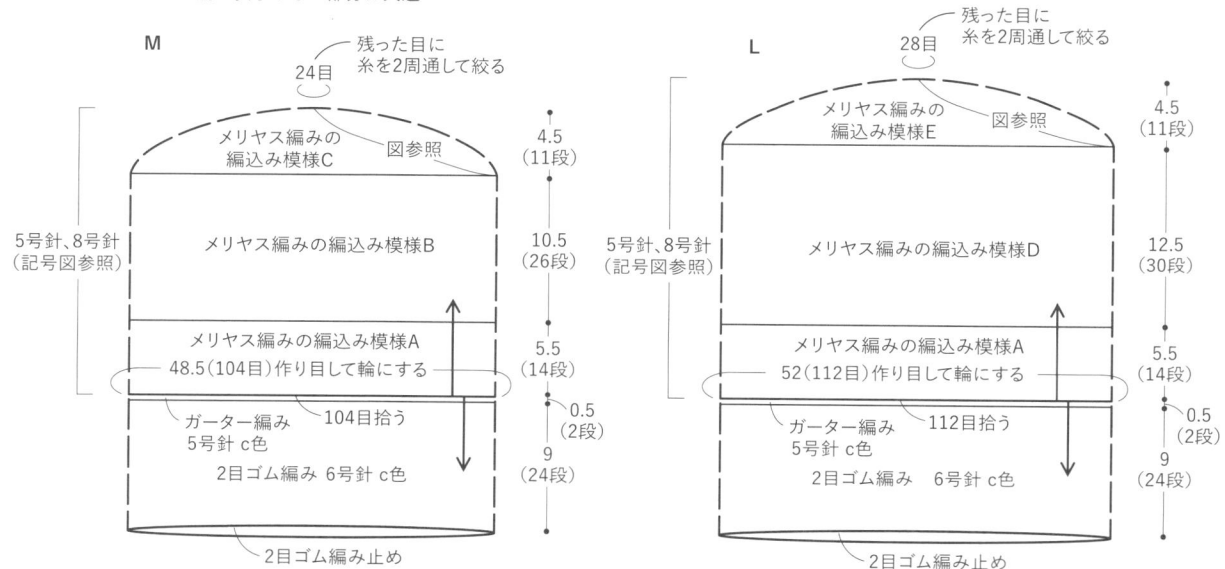

M、L共通

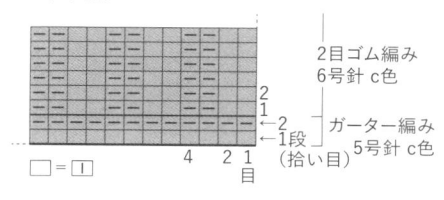

2目ゴム編み
6号針 c色

ガーター編み
5号針 c色
(拾い目)

□ = ▯

配色		M	L
a色		Shetland Black (101)	Sholmit (103)
b色		Eesit (105)	Natural White (104)
c色		Ginger(462)	Admiral Navy (727)

M、L共通

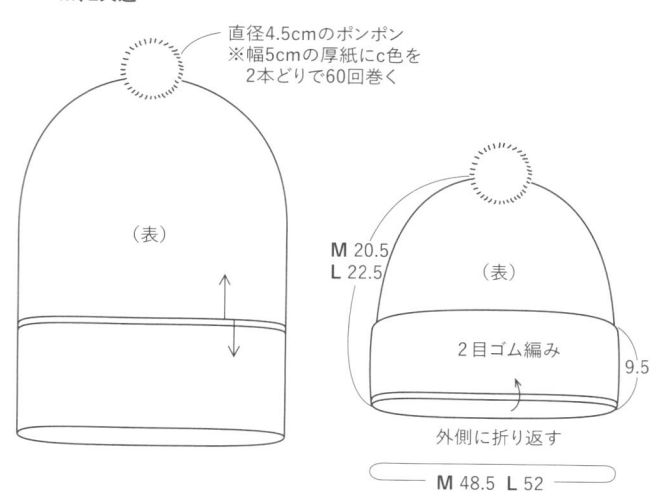

直径4.5cmのポンポン
※幅5cmの厚紙にc色を
2本どりで60回巻く

(表)

M 20.5
L 22.5

(表)

2目ゴム編み

9.5

外側に折り返す

M 48.5 L 52

Mの編み方

ボンボンの作り方

ボンボンの直径に0.5cm加えた幅

厚紙

カット

※編込み模様はすべてメリヤス編み

配色
□ = □
■ = Shetland Black(101)
□ = Eesit(105)

編込み模様C
編込み模様B
編込み模様A

*は5号針、指定以外は8号針

11*(24目に減)
10*(48目に減)
9(48目に減)
6
5(60目に減)
1(72目に減)

12目一模様（6回繰り返す）

26目一模様
16目一模様

26*(96目に減)
25
20
10
14*
10
2
1段*（104目）
1目

104 100 90 80 70 60 50 40 30 20 10

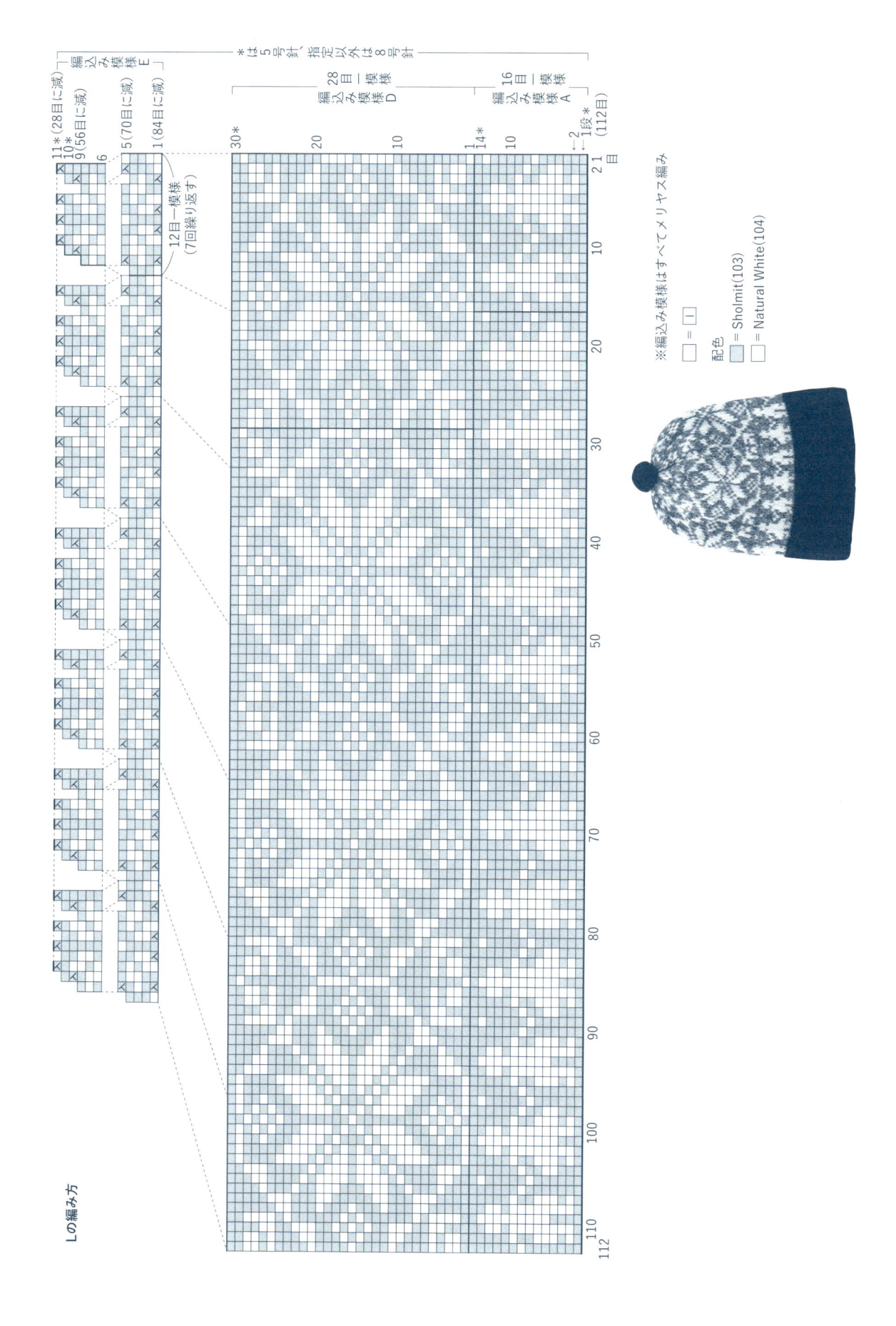

アラン手袋

size M_P.18 L_P.19

※指定以外M、L共通

糸
ジェイミソンズ シェットランドスピンドリフト（25g玉巻き）
※ひもを含まない
M：Eesit(105) 70g L：Granite(122) 80g

用具
5号5本棒針（長さ16cm）

ゲージ（2本どり）
模様編みA、B、C 29目30段が10cm四方
メリヤス編み 20目30段が10cm四方

サイズ
M：てのひら回り18cm、丈23cm
L：てのひら回り20cm、丈24.5cm

編み方
糸は2本どりで編みます。
右手を編みます。指にかける作り目をして輪にし、模様編みA、Bを編みます。甲側を模様編みC、親指のまちは、かけ目で増し、次段で左右対称にねじり目を編みます。てのひら側はメリヤス編みを編みます。親指穴の位置を休み目にして、その上に巻き目の作り目をします。小指は甲側から拾い目、巻き目の作り目をし、てのひら側から拾い目をして輪に編み、最終段で減らし目をして、残った目に糸を2周通して絞ります。薬指、人さし指、中指は、図のように巻き目の作り目からも拾って、小指と同様に編みます。親指は休み目と巻き目の作り目から拾い目をして、減らしながら輪に編み、編終りは小指と同様にします。
※左手は対称に編みます。

M=サイズM L=サイズL
サイズ別の表示がない部分は共通

右手　※左手は対称に編む

※指は番号順に模様編みと
　メリヤス編みで編む（図参照）
※指先は最終段で図のように減らして
　残った目に糸を2周通して絞る

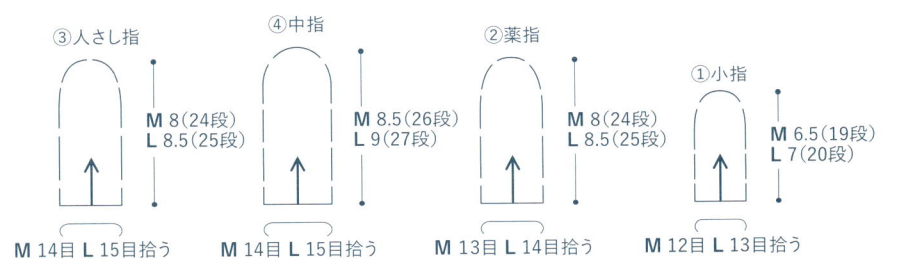

③人さし指　M 8(24段) L 8.5(25段)　M 14目 L 15目拾う

④中指　M 8.5(26段) L 9(27段)　M 14目 L 15目拾う

②薬指　M 8(24段) L 8.5(25段)　M 13目 L 14目拾う

①小指　M 6.5(19段) L 7(20段)　M 12目 L 13目拾う

⑤親指
M 13目
L 15目
図参照
M 6.5(19段)
L 7(20段)
M 16目
L 20目
拾う

親指の拾い方
巻き目の作り目から
M 3目 L 5目拾う
てのひら側
休み目から
M 13目
L 15目
拾う

♡＝1段平ら
2-1-4
1-1-1 増
段 目 回
ごと

指の拾い方と目数

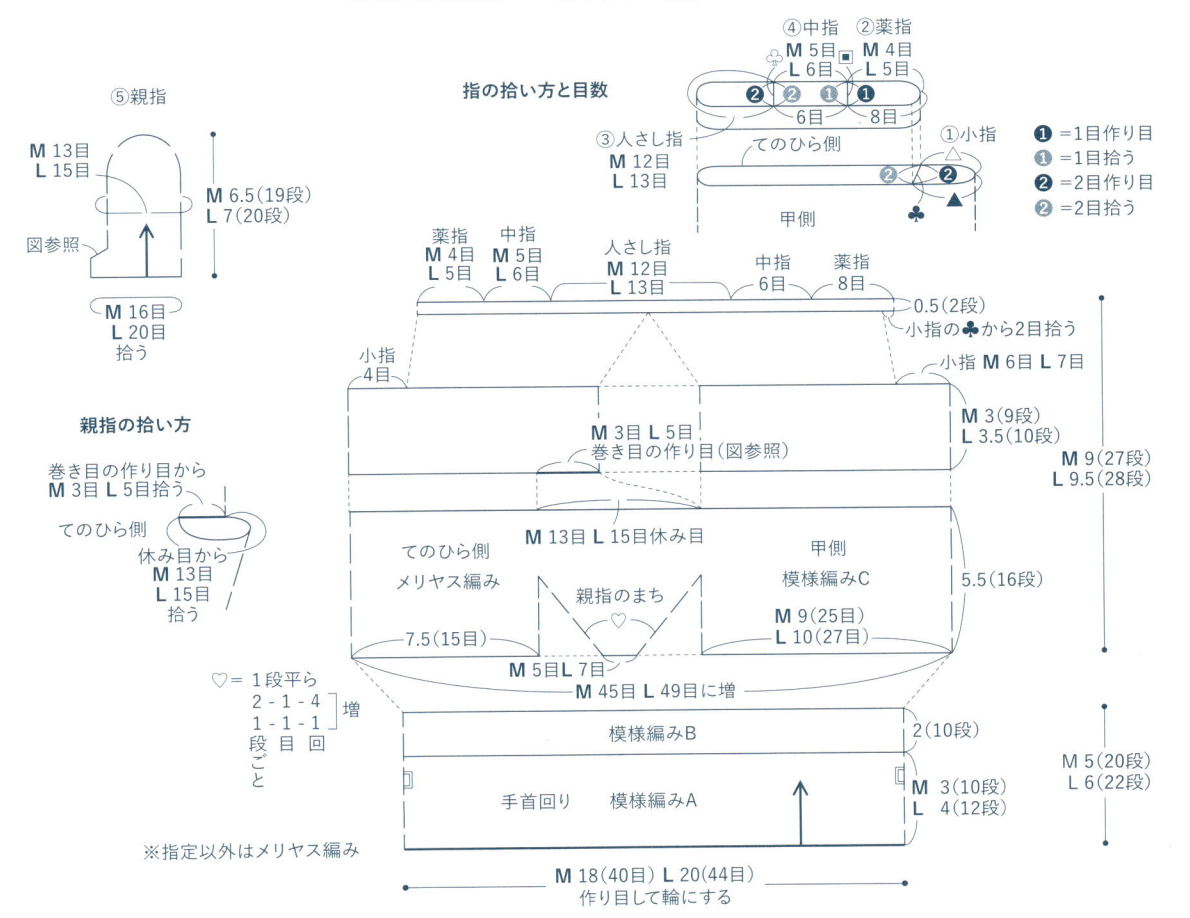

④中指　M 5目 L 4目
⑤薬指　M 6目 L 5目
6目　8目
③人さし指
M 12目
L 13目
てのひら側
①小指
甲側

❶ ＝1目作り目
① ＝1目拾う
❷ ＝2目作り目
② ＝2目拾う

薬指　M 4目 L 5目
中指　M 5目 L 6目
人さし指　M 12目 L 13目
中指　6目
薬指　8目
0.5(2段)
小指の♣から2目拾う
小指 M 6目 L 7目
小指　4目
M 3目 L 5目
巻き目の作り目（図参照）
M 3(9段) L 3.5(10段)
M 9(27段) L 9.5(28段)

てのひら側
メリヤス編み
M 13目 L 15目休み目
親指のまち
甲側
模様編みC
5.5(16段)
M 9(25段) L 10(27段)
7.5(15目)
M 5目 L 7目
M 45目 L 49目に増

模様編みB　2(10段)
手首回り　模様編みA
M 3(10段) L 4(12段)
M 5(20段) L 6(22段)

※指定以外はメリヤス編み

M 18(40目) L 20(44目)
作り目して輪にする

M 右手の編み方 ※左手は 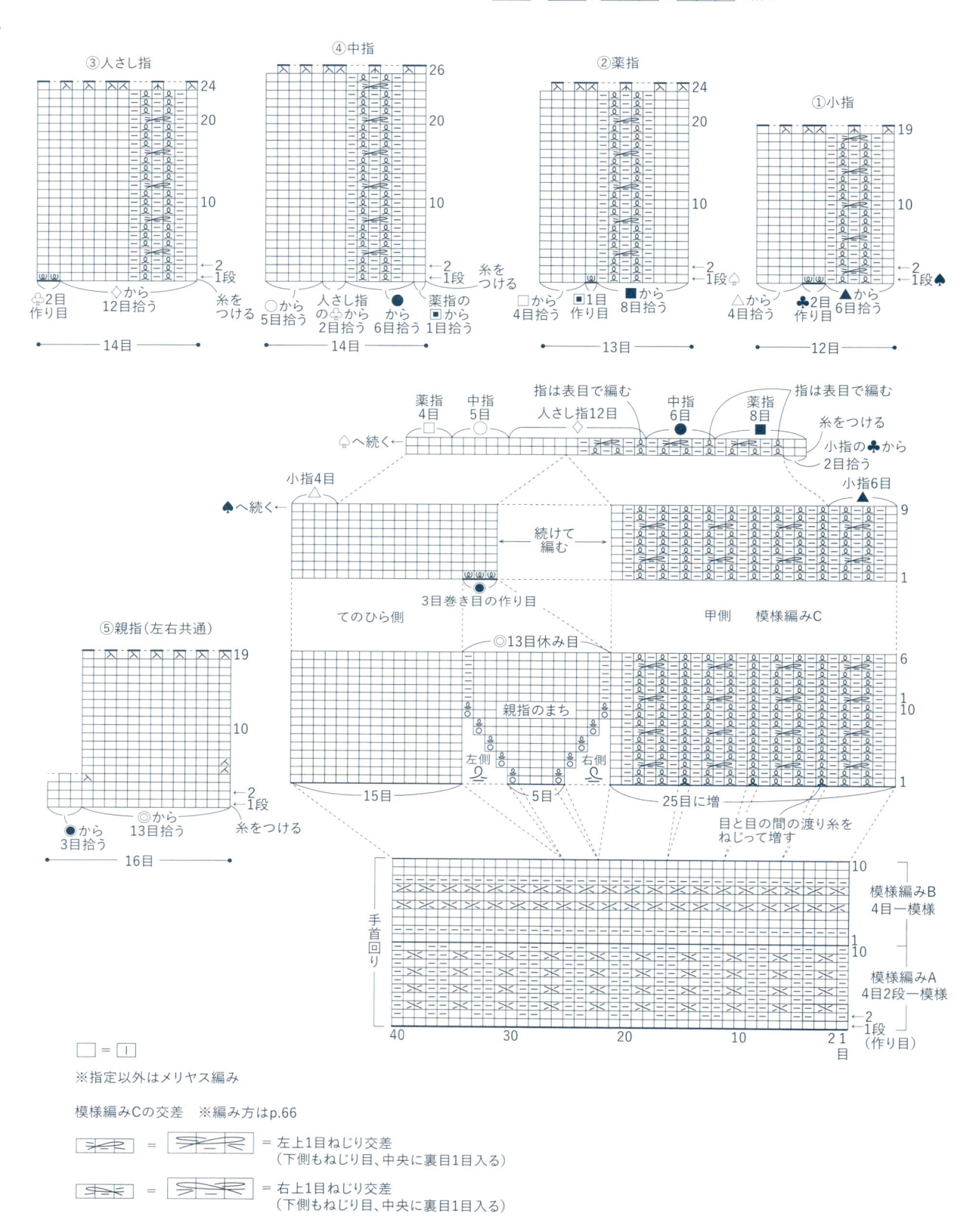 を ⨉⨉ 、 ⨉⨉⇥ を ⇤⨉⨉ で編む

③人さし指 24 20 10 ←2 ←1段
♣2目 作り目 ◇から 12目拾う 糸を つける
— 14目 —

④中指 26 20 10 ←2 ←1段 糸をつける
○から 5目拾う 人さし指 の♣から 2目拾う ●から 6目拾う 薬指の ■から 1目拾う
— 14目 —

②薬指 24 20 10 ←2 ←1段
□から 4目拾う ■1目 作り目 ■から 8目拾う
— 13目 —

①小指 19 10 ←2 ←1段 ♠
△から 4目拾う ♣2目 作り目 ▲から 6目拾う
— 12目 —

薬指 4目 □ 中指 5目 ○ 人さし指12目 ◇ 指は表目で編む 中指 6目 ● 薬指 8目 ■ 指は表目で編む
糸をつける 小指の♣から 2目拾う

♣へ続く ←

小指4目 △
♠へ続く ← 9 … 1 甲側 模様編みC 小指6目 ▲

続けて 編む

3目巻き目の作り目 ●

てのひら側

◎13目休み目

親指のまち
左側 右側
— 15目 — — 5目 — — 25目に増 —

目と目の間の渡り糸を ねじって増す

⑤親指（左右共通）
19 10 ←2 ←1段
●から 3目拾う ◎から 13目拾う 糸をつける
— 16目 —

手首回り

10 模様編みB 4目一模様
1 10 模様編みA 4目2段一模様
←2 ←1段 （作り目）
40 30 20 10 2 1 目

□ = │

※指定以外はメリヤス編み

模様編みCの交差　※編み方はp.66

⇥⨉⨉ = [⇥⨉⨉] = 左上1目ねじり交差
　　　　（下側もねじり目、中央に裏目1目入る）

⇤⨉⨉ = [⨉⨉⇤] = 右上1目ねじり交差
　　　　（下側もねじり目、中央に裏目1目入る）

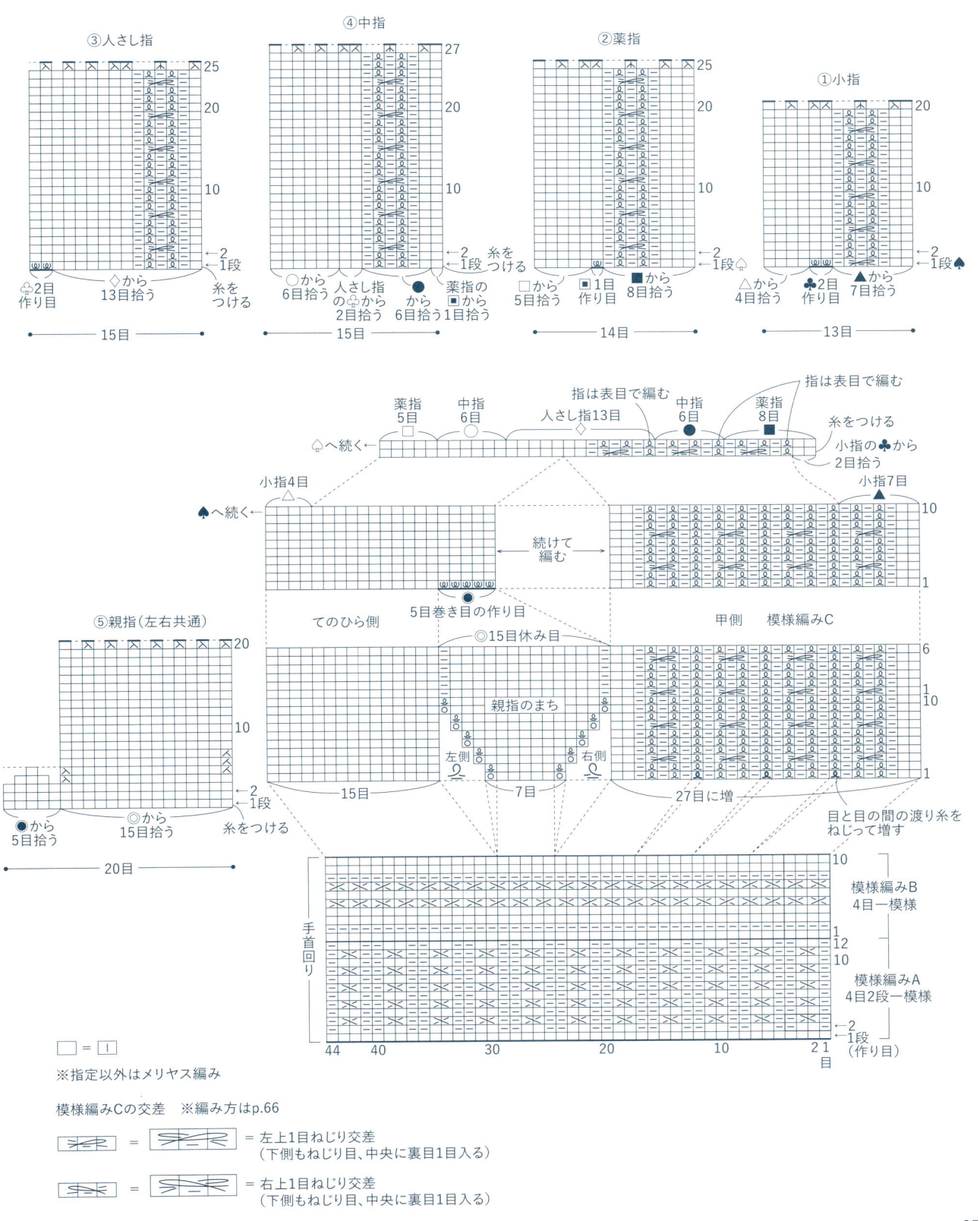

L 右手の編み方 ※左手は ⟨×⟩ を ⟨×⟩、⟨×⟩ を ⟨×⟩ で編む

③人さし指

④中指

②薬指

①小指

⑤親指（左右共通）

てのひら側

甲側 模様編みC

□ = | I

※指定以外はメリヤス編み

模様編みCの交差 ※編み方はp.66

⟨×⟩ = ⟨×⟩ = 左上1目ねじり交差
（下側もねじり目、中央に裏目1目入る）

⟨×⟩ = ⟨×⟩ = 右上1目ねじり交差
（下側もねじり目、中央に裏目1目入る）

	= 右上1目ねじり交差
	（下側もねじり目、中央に裏目1目入る）

 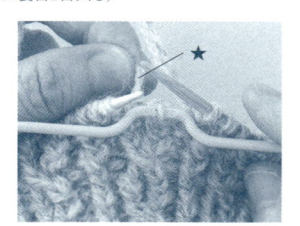 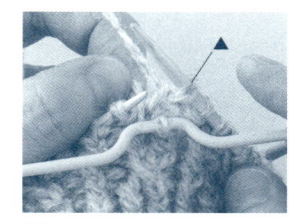 

1 1目めを別針に移し、手前におきます。

2 次の1目（★）を指先で向うに休めます。

3 次の目（▲）をねじり目で編みます。

4 糸を手前におき、指先で休めた1目を左針に戻します。

5 ★の目を裏目で編みます。

6 別針に移した目をねじり目で編みます。

7 右上ねじり交差（間に裏目）が編めました。

8 以降、記号図どおりに編みます。

	= 左上1目ねじり交差
	（下側もねじり目、中央に裏目1目入る）

 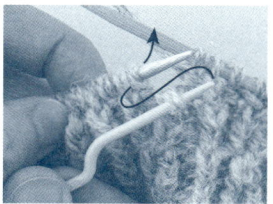  

1 1目めに別針を左手前から入れ、移します。

2 次の1目も**1**と同様に移します。

3 2目移したら、別針を向うにおきます。

4 次の目をねじり目で編みます。

5 別針に移した目を裏目、ねじり目の順に編みます。

6 左上ねじり交差（間に裏目）が編めました。

7 以降、記号図どおりに編みます。

アランキャップ

size M_P.18

糸
ジェイミソンズ シェットランドスピンドリフト（25g玉巻き）
Eesit（105）85g

用具
10号4本棒針（長さ30cm）、7/0号かぎ針

ゲージ（3本どり）
模様編みA　18目19.5段が10cm四方
模様編みB　18目が10cm、9段が3.5cm
模様編みC　18目が10cm、11段が4cm

サイズ
頭回り46cm、深さ23cm

編み方
糸は3本どりで、指定の針の号数で編みます。
別鎖の作り目から拾い目をして輪にし、模様編みAを指定位置で増しながら編みます。続けて模様編みB、Cを増減なく編み、編終りは7/0号かぎ針で引抜き止めにします。編始めの別鎖をほどいて、糸を通して絞ります。

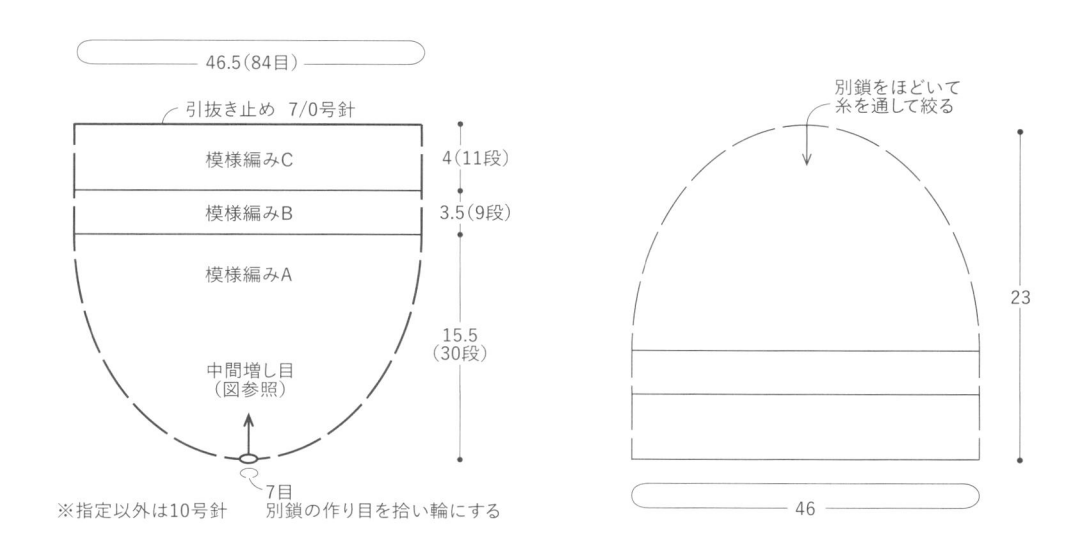

46.5(84目)

引抜き止め 7/0号針

模様編みC　4(11段)

模様編みB　3.5(9段)

模様編みA

15.5(30段)

中間増し目
(図参照)

7目
別鎖の作り目を拾い輪にする

※指定以外は10号針

別鎖をほどいて
糸を通して絞る

23

46

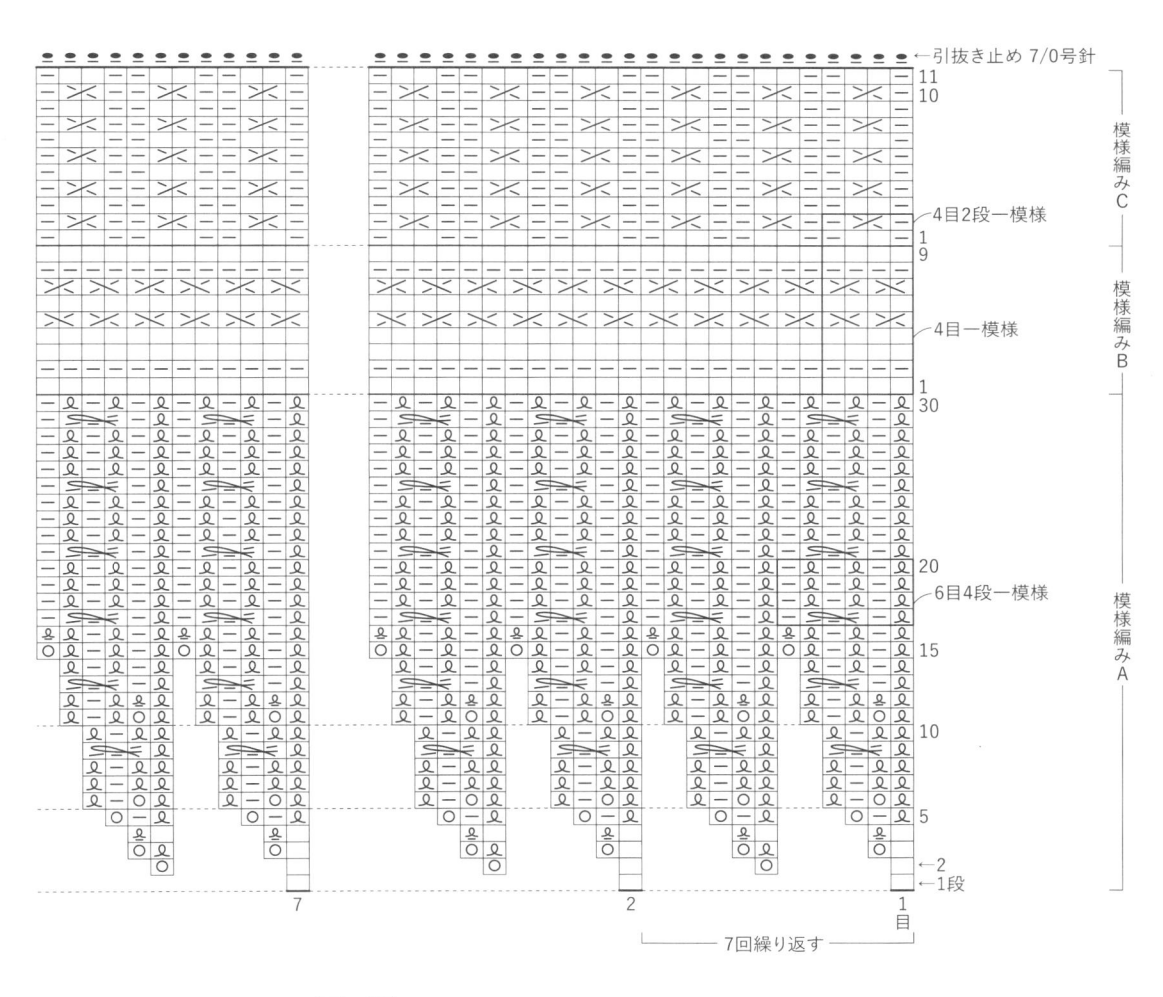

引抜き止め 7/0号針

模様編みC

4目2段一模様

模様編みB

4目一模様

模様編みA

6目4段一模様

7回繰り返す

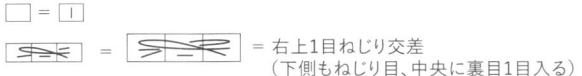

□ = |

= 右上1目ねじり交差
(下側もねじり目、中央に裏目1目入る)

カバーミトン

size S_P.17 M-L_P.16

※指定以外はS、M-L共通

糸
ジェイミソンズ シェットランドスピンドリフト（25g玉巻き）
※ひもを含まない
S ：Splash(757)47g、Mimosa(400)23g
M-L：Sholmit(103)50g、Dewdrop(720)25g

用具
4号、5号5本棒針（長さ16cm）

ゲージ（2本どり）
メリヤス編み　20目30段が10cm四方

サイズ
S ：てのひら回り18cm、丈20.5cm
M-L：てのひら回り20cm、丈22.5cm

編み方
糸は2本どりで、指定の針の号数、配色で編みます。
右手を編みます。指にかける作り目をして輪にし、2目ゴム編みを編みます。親指のまちは、かけ目で増し、次段で左右対称にねじり目を編みます。親指のまちを休み目にして、その上に巻き目の作り目をします。続けて1目ゴム編みを編み、前段と同じ記号で伏止めにします。カバーは、てのひら側を指に糸をかける作り目、続けて甲側を本体の★から拾い目をして輪にし、てのひら側を1目ゴム編み、甲側をメリヤス編みで編み、続けてメリヤス編みを編みますが、てのひら側の指定位置で減し目をします。指先の減し目をして、残った目に糸を2周通して絞ります。親指は休み目と巻き目の作り目から拾い目をして、減らしながら輪に編み、残った目に糸を2周通して絞ります。
※左手は対称に編みます。

S=サイズS　M=サイズM-L
サイズ別の表示がない部分は共通

◇=　S　1 - 1 - 3
　　　　2 - 1 - 3　減
　　　　1 - 1 - 1

右手　※左手は対称に編む

M　1 - 1 - 4
　　2 - 1 - 3　減
　　1 - 1 - 1

左手　　　　右手

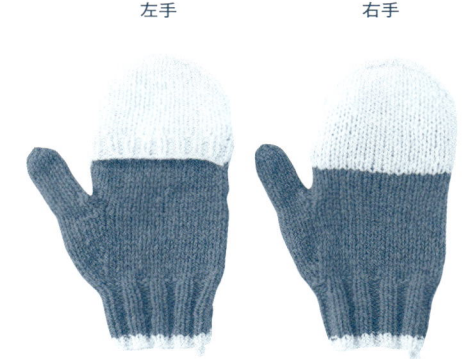

親指

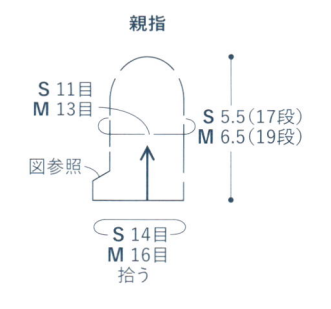

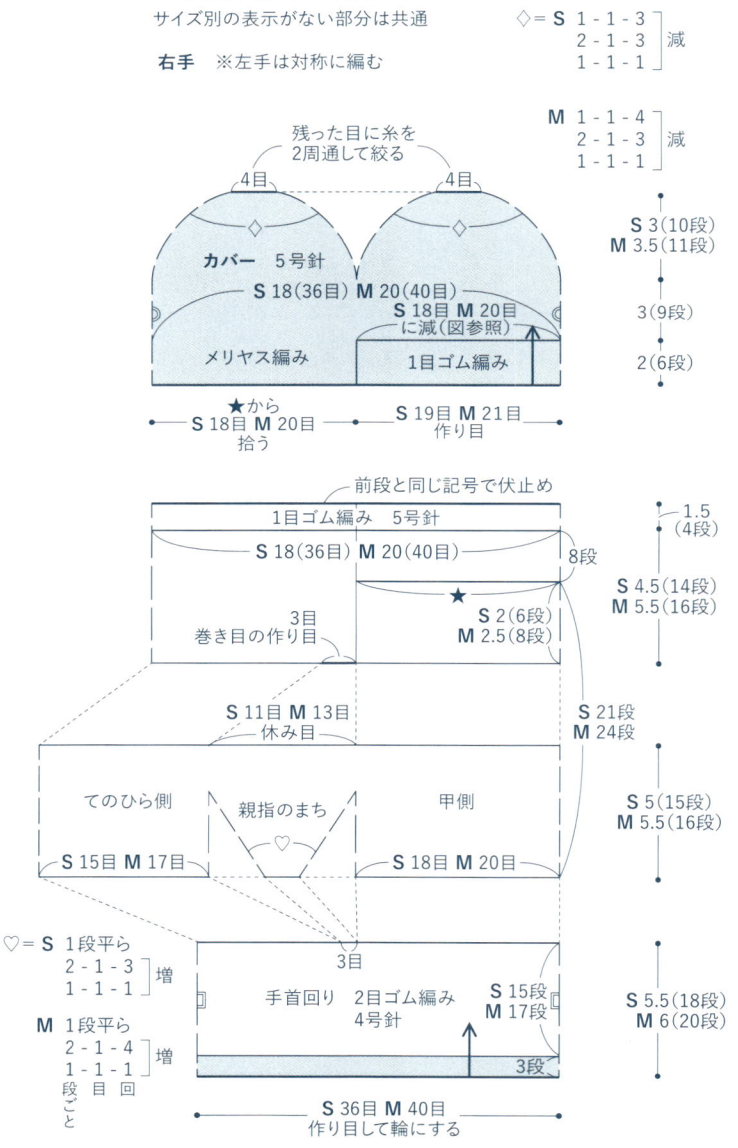

残った目に糸を2周通して絞る

4目　　4目

カバー　5号針

S 18（36目）M 20（40目）

S 18 M 20目に減（図参照）

メリヤス編み　　1目ゴム編み

★から　S 18目 M 20目拾う

S 19目 M 21目　作り目

S 3（10段）M 3.5（11段）
3（9段）
2（6段）

S 11目 M 13目
図参照
S 14目 M 16目拾う

S 5.5（17段）M 6.5（19段）

前段と同じ記号で伏止め

1目ゴム編み　5号針
S 18（36目）M 20（40目）　8段
★
3目 巻き目の作り目
S 2（6段）M 2.5（8段）

S 11目 M 13目　休み目

てのひら側　親指のまち　甲側

♡　S 15目 M 17目　S 18目 M 20目

♡=　S　1段平ら
　　　　2 - 1 - 3　増
　　　　1 - 1 - 1

M　1段平ら
　　2 - 1 - 4　増
　　1 - 1 - 1
段ごと　目 目 回

3目

手首回り　2目ゴム編み　4号針
S 15段 M 17段
3段

S 36目 M 40目　作り目して輪にする

1.5（4段）
S 4.5（14段）M 5.5（16段）
S 21段 M 24段
S 5（15段）M 5.5（16段）
S 5.5（18段）M 6（20段）

親指の拾い方

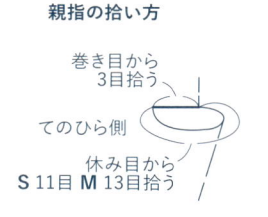

巻き目から3目拾う
てのひら側
休み目から S 11目 M 13目拾う

※指定以外は5号針でメリヤス編み

配色

サイズ	a色	b色
S	Mimosa(400)	Splash(757)
M	Dewdrop(720)	Sholmit(103)

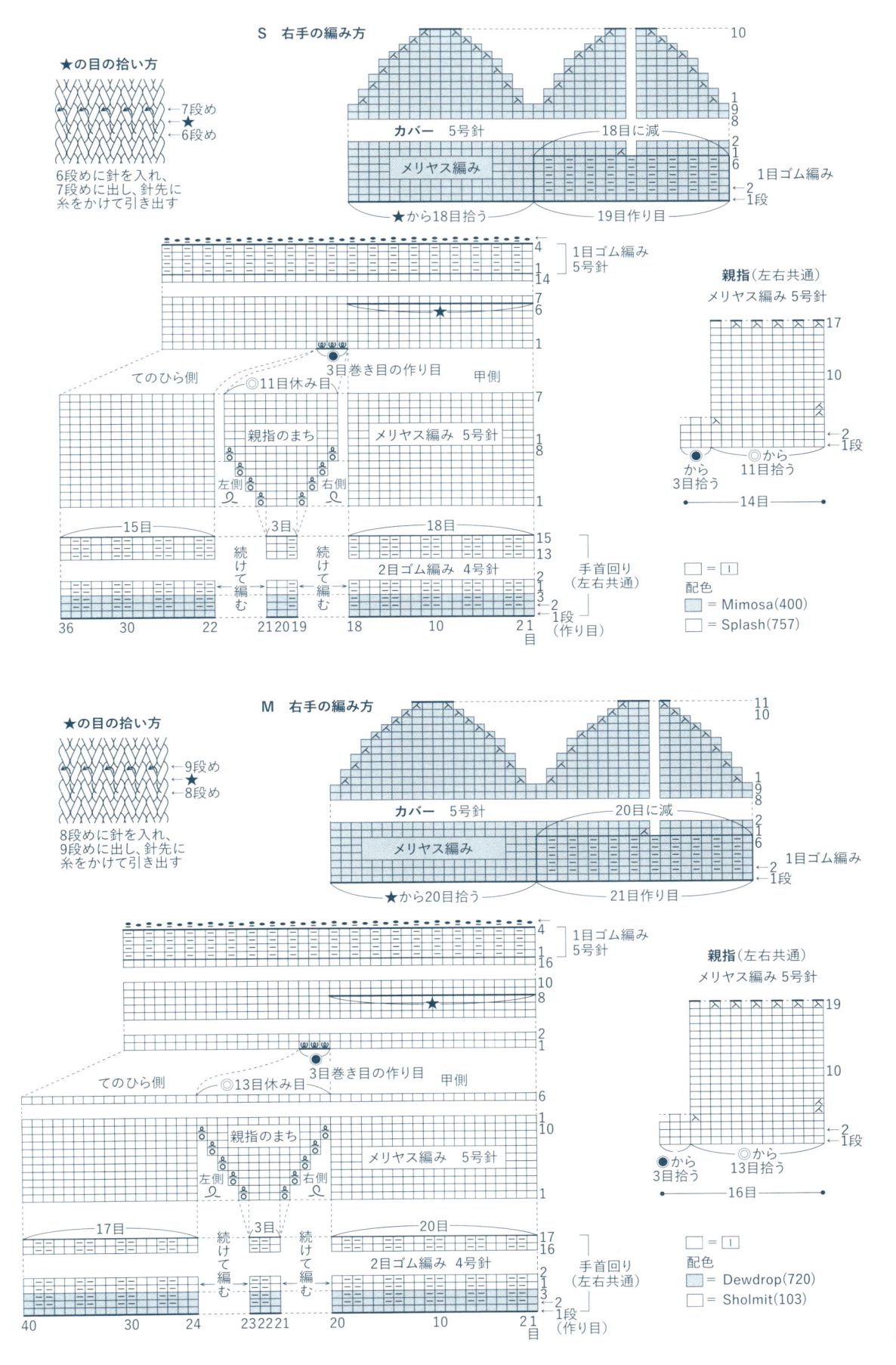

S　右手の編み方

★の目の拾い方

←7段め
★ ←6段め

6段めに針を入れ、
7段めに出し、針先に
糸をかけて引き出す

カバー　5号針
メリヤス編み
★から18目拾う

18目に減
1目ゴム編み
19目作り目
←2
←1段

1目ゴム編み
5号針

親指（左右共通）
メリヤス編み 5号針

てのひら側
◎11目休み目
3目巻き目の作り目
甲側

親指のまち
メリヤス編み　5号針

左側　右側

15目
3目
18目
続けて編む
続けて編む
2目ゴム編み　4号針

手首回り
（左右共通）

36　30　22　　21 20 19　18　10　2 1目
1段（作り目）

から3目拾う
◎から11目拾う
14目

□ = 匚
配色
■ = Mimosa(400)
□ = Splash(757)

M　右手の編み方

★の目の拾い方

←9段め
★ ←8段め

8段めに針を入れ、
9段めに出し、針先に
糸をかけて引き出す

カバー　5号針
メリヤス編み
★から20目拾う

20目に減
1目ゴム編み
21目作り目
←2
←1段

1目ゴム編み
5号針

親指（左右共通）
メリヤス編み 5号針

てのひら側
◎13目休み目
3目巻き目の作り目
甲側

親指のまち
メリヤス編み　5号針

左側　右側

17目
3目
20目
続けて編む
続けて編む
2目ゴム編み　4号針

手首回り
（左右共通）

40　30　24　　23 22 21　20　10　2 1目
1段（作り目）

から3目拾う
◎から13目拾う
16目

□ = 匚
配色
■ = Dewdrop(720)
□ = Sholmit(103)

69

フェアアイル指出し手袋

size M_P.20 L_P.21

※指定以外はM、L共通

糸

ジェイミソンズ シェットランドスピンドリフト（25g玉巻き）
※ひもを含まない
M：Coffee(880) 17g、Espresso(970)12g、Amber(478)8g、
　　Mustard(425)4g、Daffodil(390)、Chartreuse(365)、
　　Rust (578)、Pistachio(791) 各3g
L：Oxford(123)22g、Shetland Black(101)17g、
　　Sunglow(185)、Cornfield(410)7g、Flame(271)、
　　Teviot(136) 各6g、Buttercup(182)、Clyde Blue(168)各5g

用具

2号、1号、3号5本棒針（長さ16cm）

ゲージ

2目ゴム編み縞の編込み模様a、b、c、a'、b'、c'
35目38段が10cm四方
メリヤス編みの編込み模様A、B、C、D
34目37段が10cm四方

サイズ

M：てのひら回り 19cm、丈21cm
L：てのひら回り 21cm、丈22.5cm

編み方

糸は1本どりで、指定の針の号数、配色で編みます。
右手を編みます。指にかけるしっかりした作り目をして輪にし、2
目ゴム編み縞の編込み模様を編みます。指定の目数に増し、メリヤ
ス編みの編込み模様を編みます。親指穴の位置を休み目にして、そ
の上に指定の配色で巻き目の作り目をします。続けてメリヤス編み
の編込み模様と2目ゴム編み縞の編込み模様を編みます。編終りは
前段と同じ記号で伏止めにします。親指は休み目と巻き目の作り目
から指定の配色で拾い目をして、2目ゴム編み縞の編込み模様を輪
に編み、編終りは前段と同じ記号で伏止めにします。
※左手は対称に親指穴をあけます。

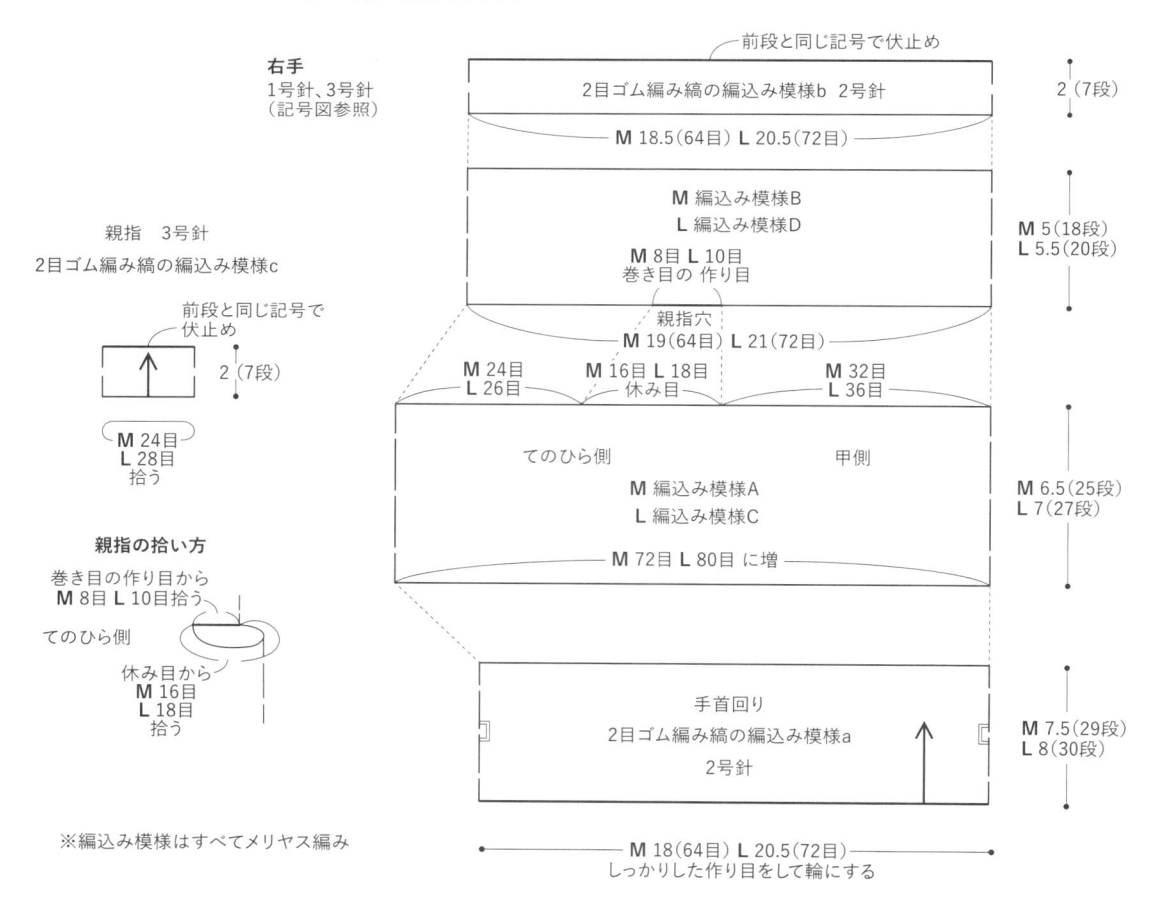

M　右手の編み方

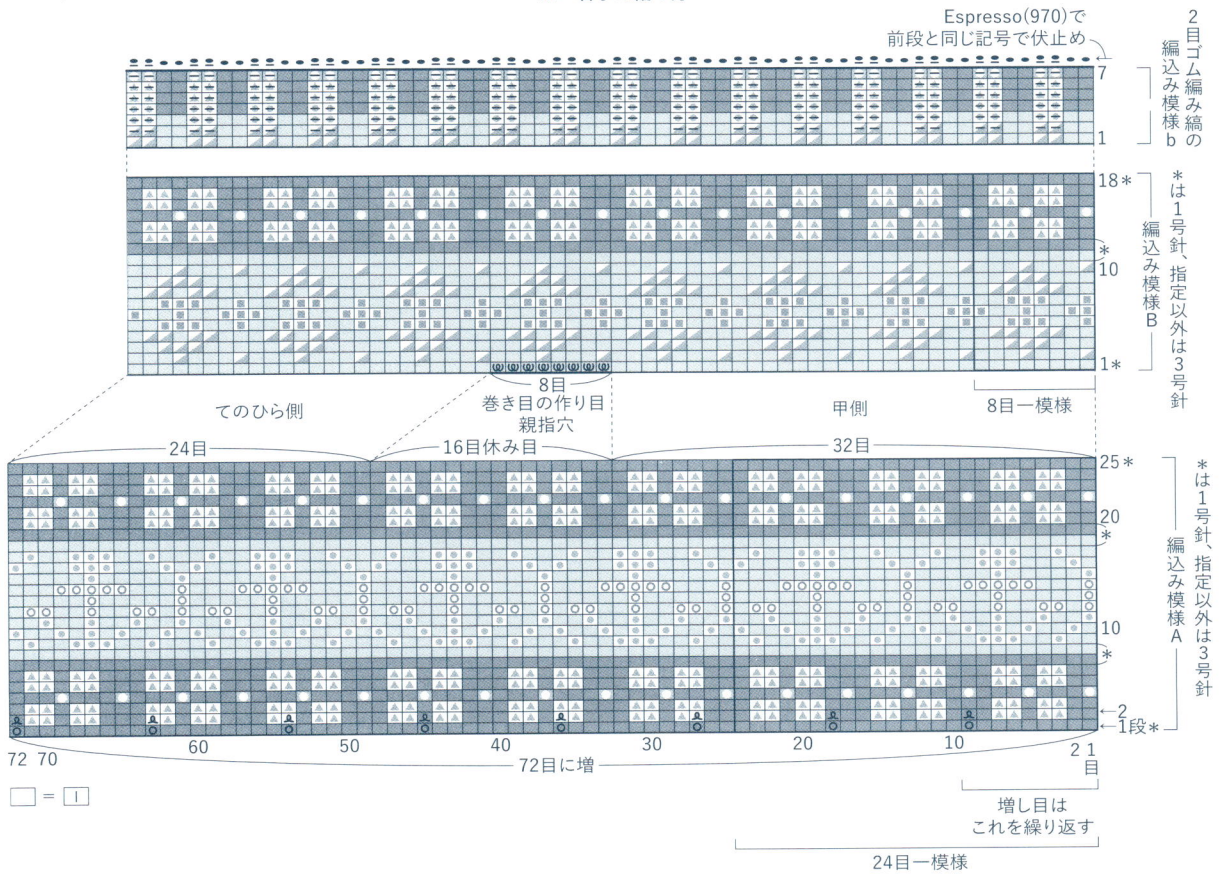

2目ゴム編み縞の編込み模様b

2目ゴム編み縞の編込み模様c
（親指・左右共通）

Espresso(970)で
前段と同じ記号で伏止め

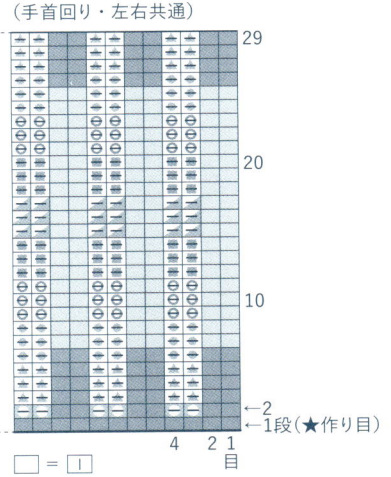

2目ゴム編み縞の編込み模様a
（手首回り・左右共通）

配色

記号	色名
■	Espresso(970)
□	Rust (578)
▲	Amber(478)
●	Mustard(425)
○	Daffodil(390)
■	Chartreuse(365)
◢	Pistachio(791)
□	Coffee(880)

★作り目の糸
親指にかける糸を85cm2本どりにして2号針で作る（→p.47参照）

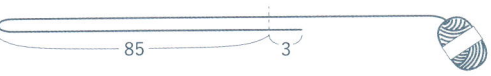

※編込み模様はすべてメリヤス編み

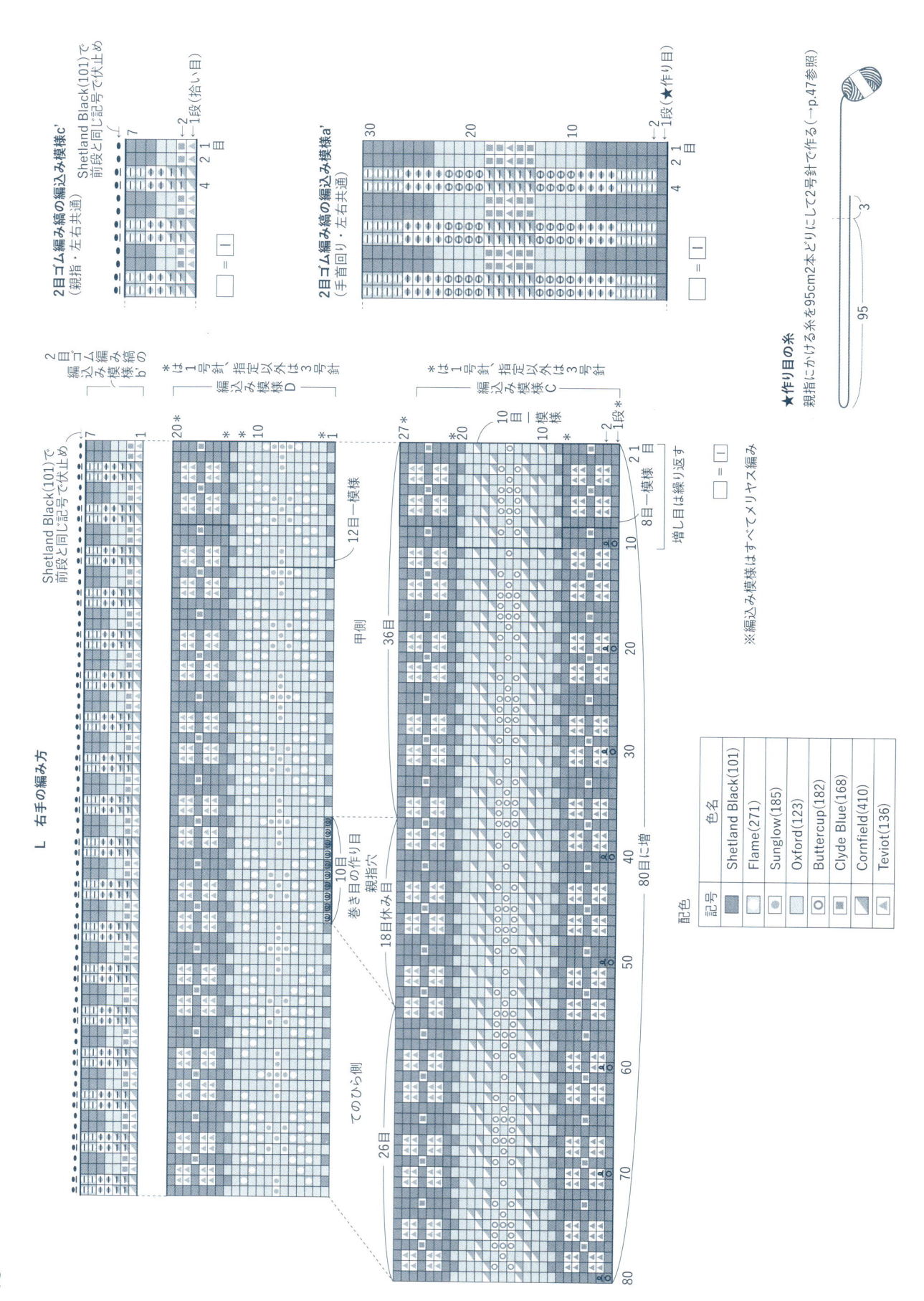

カモシカ手袋

size M_P.24 L_P.25

糸
ジェイミソンズ シェットランドスピンドリフト（25g玉巻き）
※ひもを含まない
M：Cosmos(1340)35g、Rosewood(236)15g、
　Moorit/Eesit(116)、Laurel(329)各5g、Surf(135)、
　Green Mist(274)、Mermaid(688)各3g、Pebble(127)2g
L：Earth(227)45g、Birch(252)20g、Moorit/Eesit(116)、
　Laurel(329)各5g、Surf(135)、Green Mist(274)、
　Mermaid(688)各3g、Ivory(343)2g

用具
2号、1号、3号5本棒針（長さ16cm）

ゲージ
2目ゴム編み縞の編込み模様　37.5目43段が10cm四方
メリヤス編みの編込み模様A、B、D、E　34目37段が10cm四方
メリヤス編みの編込み模様C　33目30.5段が10cm四方

サイズ
M：てのひら回り19cm、丈25.5cm
L：てのひら回り21cm、丈27cm

編み方
糸は1本どりで、指定の針の号数、配色で編みます。
右手を編みます。指にかけるしっかりした作り目をして輪にし、2目ゴム編み縞の編込み模様を編みます。指定の目数に増し、メリヤス編みの編込み模様をMはA、LはDを編みます。親指穴の位置を休み目にして、その上に指定の配色で巻き目の作り目をします。続けてメリヤス編みの編込み模様をMはB、LはEを編みます。小指は甲側から拾い目、巻き目の作り目をし、てのひら側から拾い目をして輪に編み、最終段で減し目をして、残った目に糸を2周通して絞ります。薬指、人さし指、中指、親指は、図のように巻き目の作り目からも拾って、小指と同様に編みます。
※左手は、対称（右手の図案を反転）に編みます。

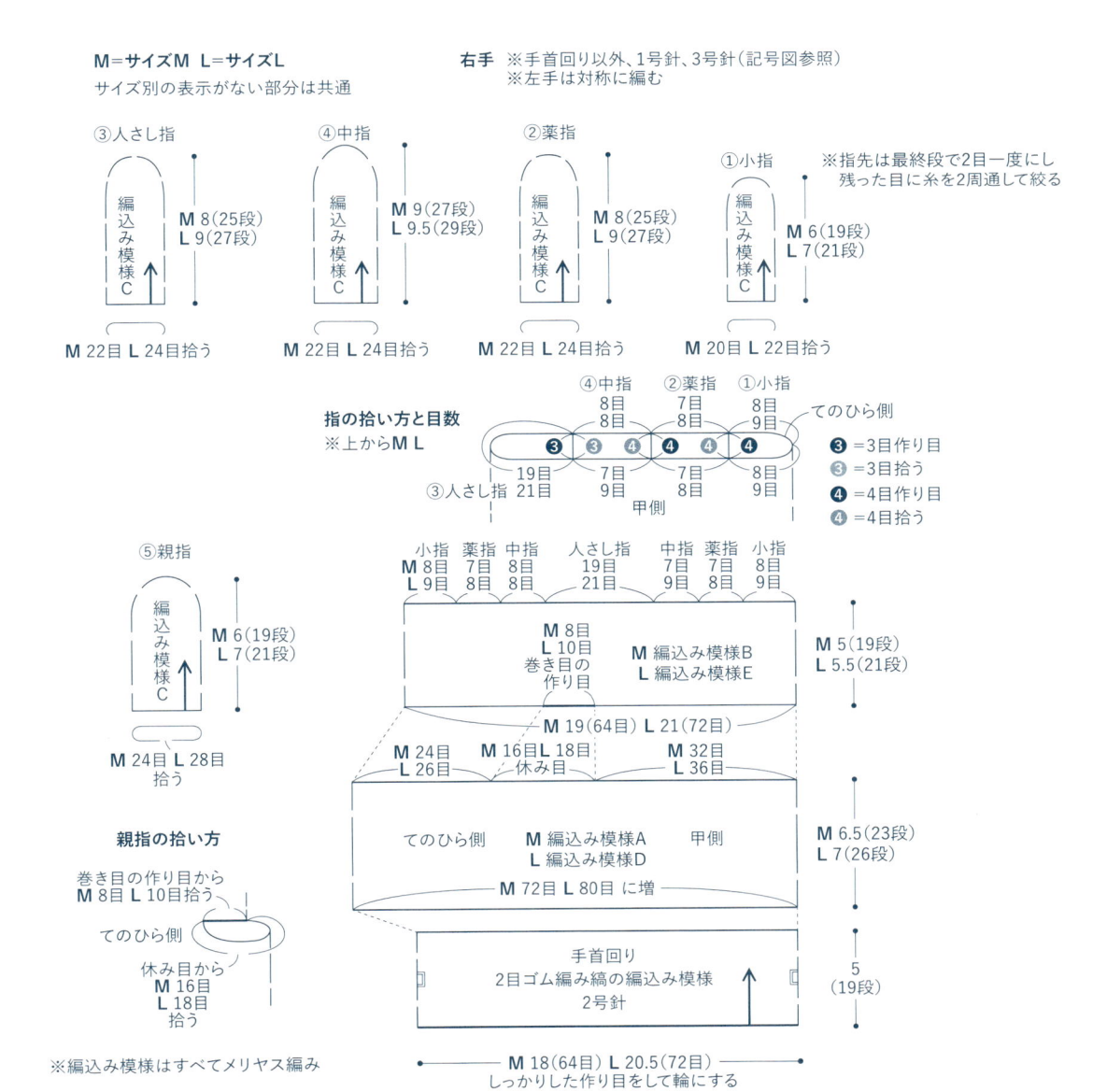

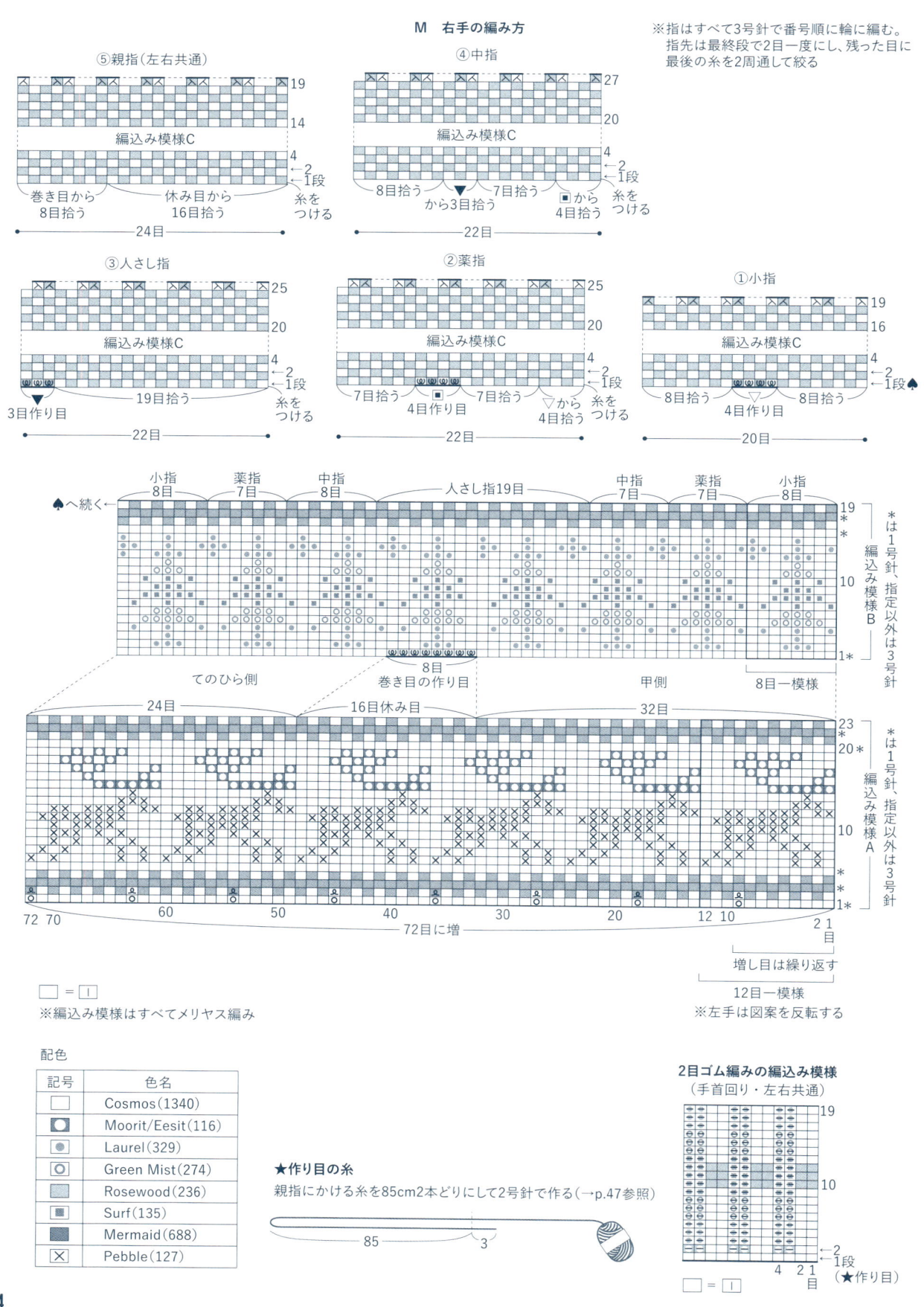

M　右手の編み方

※指はすべて3号針で番号順に輪に編む。
指先は最終段で2目一度にし、残った目に
最後の糸を2周通して絞る

⑤親指（左右共通）

編込み模様C

巻き目から
8目拾う　　休み目から16目拾う　糸をつける

19　14　4　←2　←1段

24目

④中指

編込み模様C

8目拾う　から3目拾う　7目拾う　■から4目拾う　糸をつける

27　20　4　←2　←1段

22目

③人さし指

編込み模様C

3目作り目　19目拾う　糸をつける

25　20　4　←2　←1段

22目

②薬指

編込み模様C

7目拾う　■　4目作り目　7目拾う　▽から4目拾う　糸をつける

25　20　4　←2　←1段

22目

①小指

編込み模様C

8目拾う　4目作り目　8目拾う

19　16　4　←2　←1段　♠

20目

◆♠へ続く

小指8目　薬指7目　中指8目　人さし指19目　中指7目　薬指7目　小指8目

てのひら側　8目巻き目の作り目　甲側　8目一模様

*は1号針、指定以外は3号針

編込み模様B

19　*　*　*　10　1*

24目　16目休み目　32目

72目に増

*は1号針、指定以外は3号針

編込み模様A

23　20*　*　10　*　*　1*

72　70　60　50　40　30　20　12　10　2　1目

増し目は繰り返す

12目一模様

※左手は図案を反転する

□ = │

※編込み模様はすべてメリヤス編み

配色

記号	色名
□	Cosmos(1340)
◖	Moorit/Eesit(116)
●	Laurel(329)
◎	Green Mist(274)
▨	Rosewood(236)
■	Surf(135)
■	Mermaid(688)
✕	Pebble(127)

★作り目の糸

親指にかける糸を85cm2本どりにして2号針で作る（→p.47参照）

85　3

2目ゴム編みの編込み模様
（手首回り・左右共通）

19　10　←2　←1段
4　2　1目
（★作り目）

□ = │

74

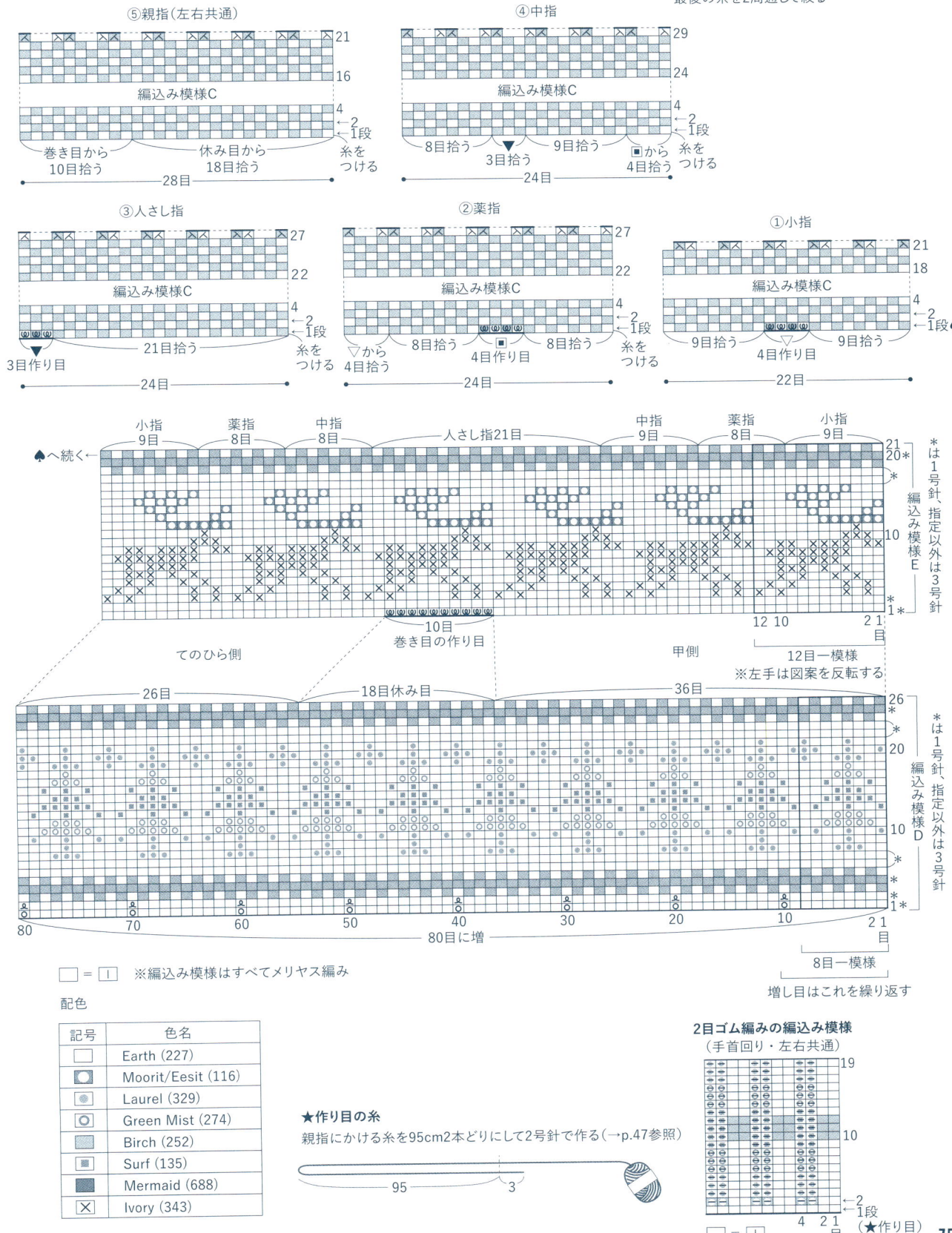

ドングリベレー

size S_P.23 M_P.22

※指定以外はS、M共通

糸
ジェイミソンズ シェットランドスピンドリフト（25g玉巻き）
S：Woodgreen(318)50g
M：Paprika(261)70g

用具
3号、6号、4号4本棒針

ゲージ（2本どり）
模様編み　16目26.5段が10cm四方

サイズ
S：頭回り48cm、深さ19.5cm
M：頭回り54cm、深さ22cm

編み方
糸は2本どりで、指定の針の号数で編みます。
別鎖の作り目から拾い目をして輪にし、メリヤス編みで増しながら
編みます。続けて模様編みで図のように増しながら編みます。1目
ゴム編みの1段で指定の目数に減らします。編終りは1目ゴム編
み止めにします。編始めの別鎖をほどいて、糸を通して絞ります。

S＝サイズS M＝サイズM
サイズ別の表示がない部分は共通

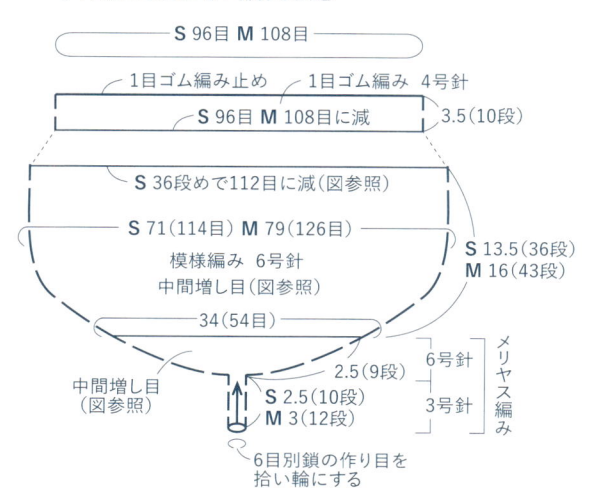

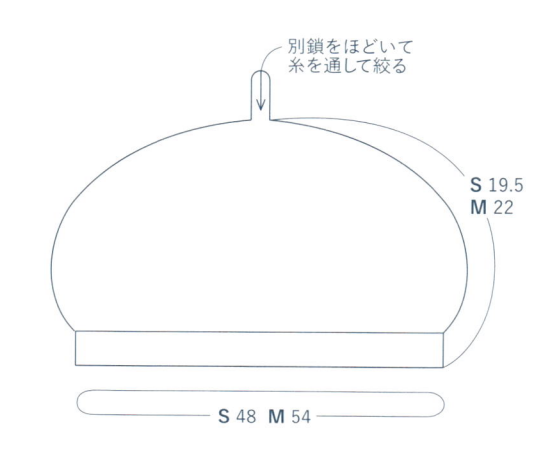

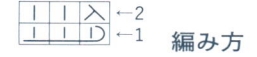　編み方

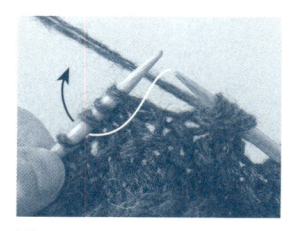

1　3目先の目と目の間に右針
を入れます。

2　針に糸をかけて、目と目の
間から糸を引き出し、次の3目
を表目で編みます。

3　**1**、**2**を繰り返して1周編
みます。

4　次段は、**2**で引き出した糸
を右針に移します。

5　右針に移した目と左針の1
目めを、2目一度に表目で編み
ます。

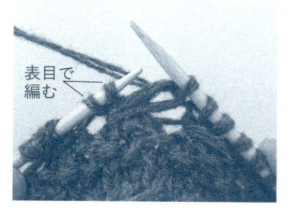

6　次の2目を表目で編みま
す。

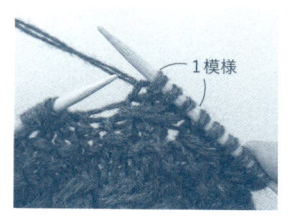

7　1模様編めました。**4**〜**6**
を繰り返して1周編みます。

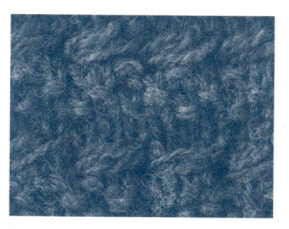

8　記号図どおりに編みます。

Sの編み方

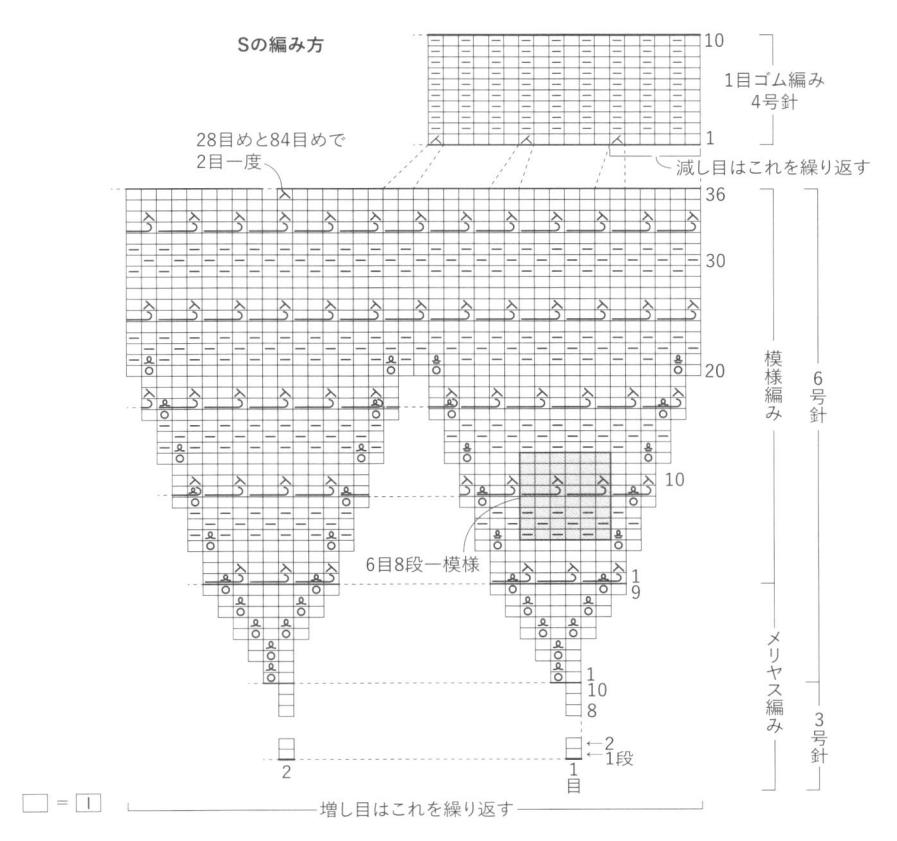

1目ゴム編み
4号針

28目めと84目めで
2目一度

減し目はこれを繰り返す

模様編み　6号針

6目8段一模様

メリヤス編み　3号針

増し目はこれを繰り返す

Mの編み方

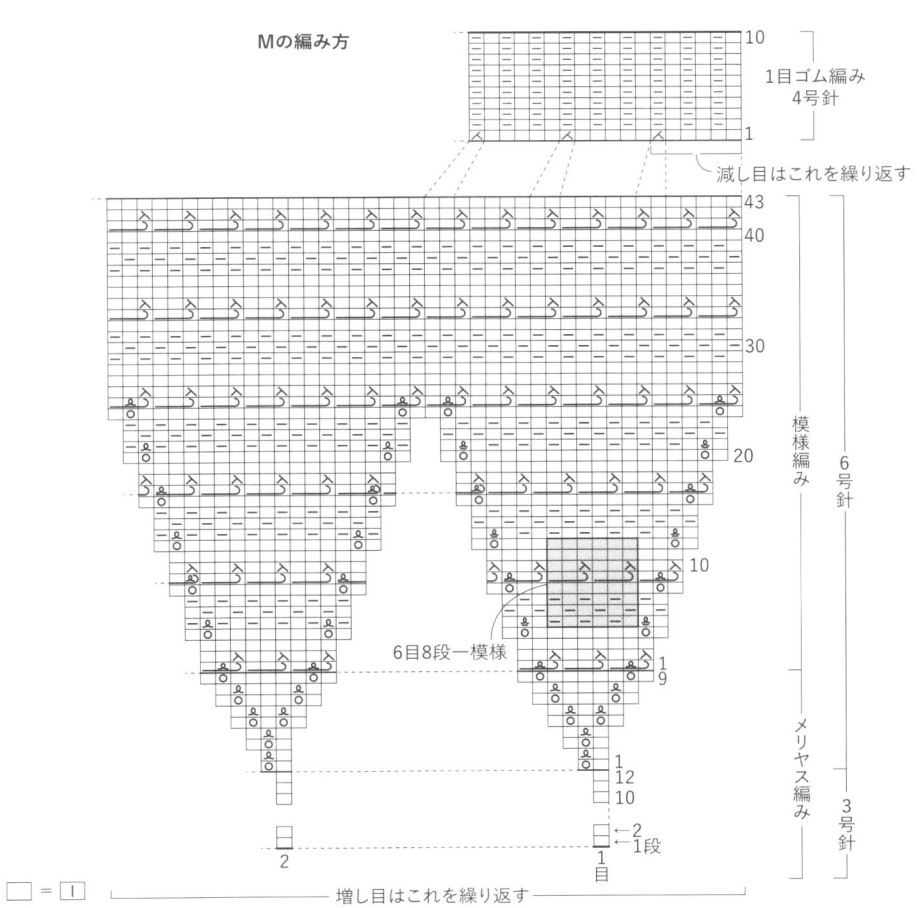

1目ゴム編み
4号針

減し目はこれを繰り返す

模様編み　6号針

6目8段一模様

メリヤス編み　3号針

増し目はこれを繰り返す

ドットベレー

size M_P.26

糸
ジェイミソンズ シェットランドスピンドリフト（25g玉巻き）
Mogit(107)40g、Natural White(104)15g、
Sholmit(103)10g

用具
3号、5号、8号、4号4本棒針

ゲージ（2本どり）
メリヤス編みの編込み模様　18目24段が10cm四方

サイズ
頭回り54cm、深さ23cm

編み方
糸は2本どりで、指定の針の号数、配色で編みます。
別鎖の作り目から拾い目をして輪にし、メリヤス編みで増しながら
編みます。メリヤス編みの編込み模様は、糸を横に渡す編込みで、
指定の位置で増しながら編みます。1目ゴム編みの1段で108目
に減らします。編終りは1目ゴム編み止めにします。編始めの別鎖
をほどいて、糸を通して絞ります。

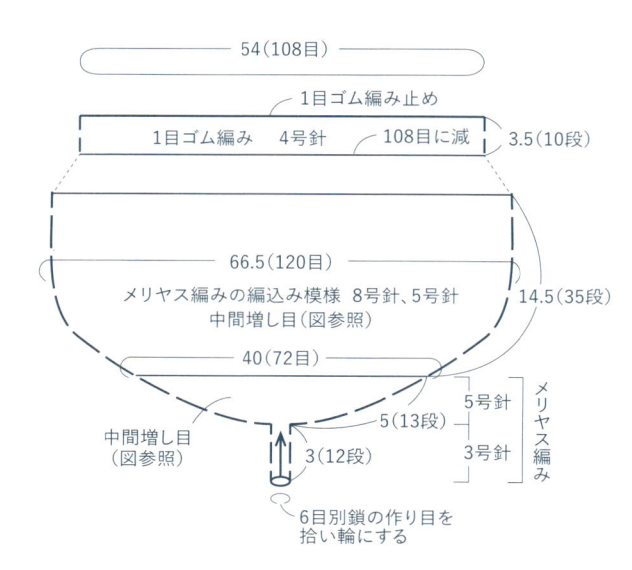

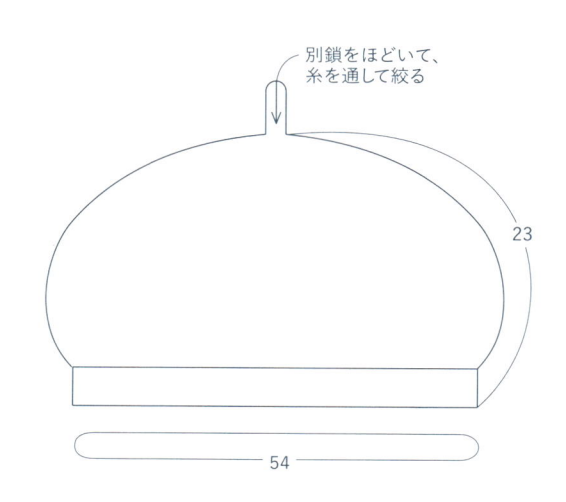

糸を横に渡す編込み （配色糸を上に渡す）

※一模様が大きいため、配色糸を上に渡して編みます。
　そうすることで、ドットの編込みがきれいに出ます

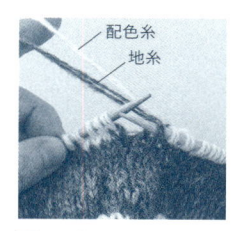 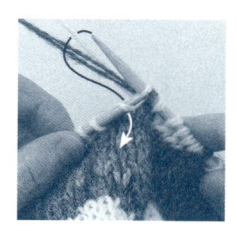 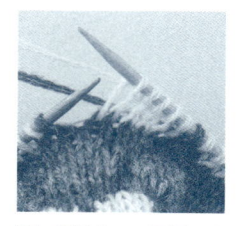 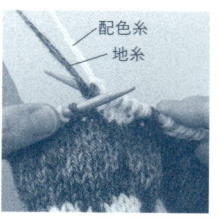 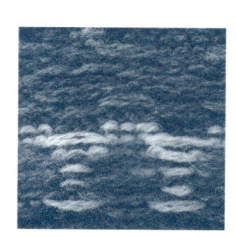

1 配色糸を上、地糸を
下におきます。

2 次の目に右針を入
れ、地糸の上から配色糸
をかけて引き出します。

3 配色糸で5目編みま
す。

4 地糸で編むときは、
配色糸の下からかけて編
みます。

編み地の裏側

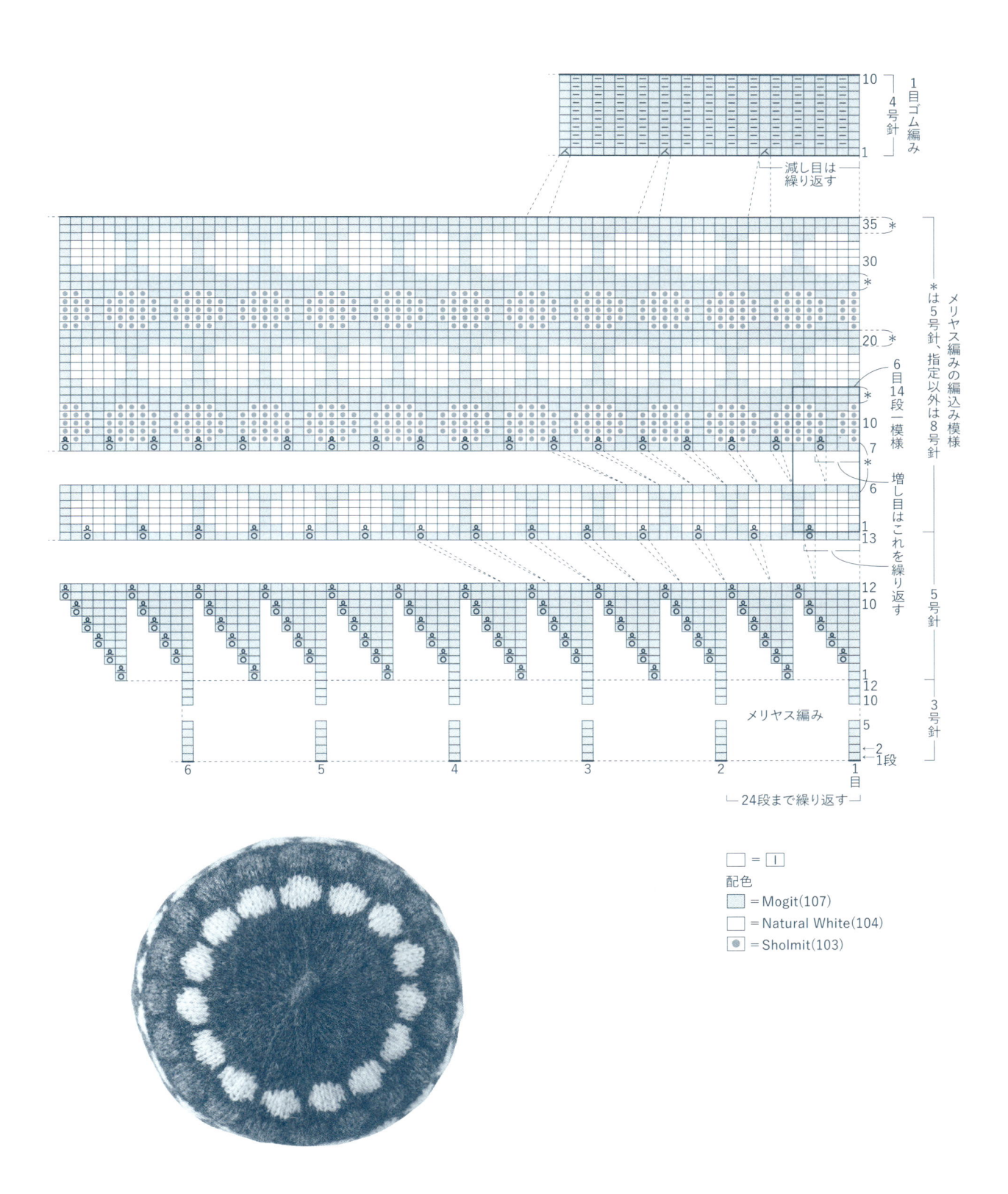

ブックデザイン	千葉美穂
撮影	田村昌裕（口絵）
	安田如水（p.2-3静物、プロセス／文化出版局）
スタイリング	串尾広枝
ヘア＆メーク	大西あけみ
校閲	向井雅子
編集	小林奈緒子
	三角紗綾子（文化出版局）

モデル
青木慶則　青木あすも　岩城栄一
酒井こなみ　千葉紬希　番井 茅
宮薗なつみ　若菜晃子　渡邉大夢

［撮影協力］
原宿シカゴ　原宿店　　　　TEL.03-6427-5505
ORDINARY FITS ／ yard　　TEL.06-6136-5225
AWABEES
UTUWA

［用具提供］
クロバー
https://clover.co.jp/
TEL. 06-6978-2277（お客様係）

［毛糸の入手先（Jamieson's Shetland Spindrift）］
SHAELA（シェーラ）
東京都調布市西つつじヶ丘4-6-3 シティ富沢ビル2F
https://shaela.jimdoweb.com/
TEL.＆FAX. 042-455-5185

◎好評既刊

『働くセーター』

『一生ものアラン』

手 袋 と 街

2024年11月3日　　第1刷発行

著　者	保里尚美
発行者	清木孝悦
発行所	学校法人文化学園 文化出版局
	〒151-8524 東京都渋谷区代々木3-22-1
	TEL. 03-3299-2487（編集）
	TEL. 03-3299-2540（営業）
印刷・製本所	株式会社文化カラー印刷

文化出版局のホームページ　https://books.bunka.ac.jp/